わかる韓国語

監修 ひろば語学院

丹羽裕美・申貞恩 著

音声について

本書の音声は、下記サイトより無料でダウンロード、
およびストリーミングでお聴きいただけます。

https://stream.e-surugadai.com/books/isbn978-4-411-03166-2/

＊ご注意
・PC からでも、iPhone や Android のスマートフォンからでも音声を再生いただけます。
・音声は何度でもダウンロード・再生いただくことができます。
・当音声ファイルのデータにかかる著作権・その他の権利は駿河台出版社に帰属します。
無断での複製・公衆送信・転載は禁止されています。

表紙・本文デザイン　小熊未央
本文イラスト　あいはらひろみ
ナレーター　ユ・ジェユン　キム・ミョンジン

まえがき

本書は、ゼロから韓国語の学習を始めて、自分自身や家族のことなど、身近な話題について伝え合うことができる初級の方が、次のステップに進むための初中級の教科書です。まだ、いまひとつ自信の持てない方や、これから韓国語の勉強をスタートしようとする方は『わかる韓国語 初級』も併せてご覧ください。

本書は、学習者がつまずきがちな連体形や不規則な活用をする変格用言など、初中級で学ぶべき文法を体系的に理解していけるように、文法事項の提示の順序に配慮しながら、できるだけ簡潔に分かりやすく解説するように心がけました。そして内容ごとに練習問題を配し、学習者が文法項目を無理なく身につけられるように考慮しました。

また、より自然な会話文を用いることに注力しながら、多様な語彙や表現を理解するとともに、実際のコミュニケーションにおいて活用するために、さまざまな場面での応用活動を取り入れました。

さらに、韓国の生活や風習を調べてみる「알아 봅시다! 調べてみましょう！」というコラムを設け、韓国文化も含めてより幅広く総合的な学習ができるように構成しました。

韓国と日本は、地理的に最も近い国ということだけではなく、歴史的にも長年にわたり交流を重ねてきた国です。その関係は今も続いており、これからも続くでしょう。

イギリスの哲学者ルートヴィヒ・ウィトゲンシュタインは、「私の言語の限界が私の世界の限界を意味する」と言いました。みなさんが韓国語を勉強することで、これまで意識していなかった新たな自分自身にもぜひ出会ってほしいです。

最後に、本書の刊行をご提案くださりご尽力いただいた駿河台出版社の浅見忠仁編集長、本書の基となっている、ひろば語学院とその諸先生方、本書刊行に際し具体的にご協力くださった安恩晶先生と兪載潤先生。そして学術的な見地から温かくご指導下さっている東京外国語大学大学院の南潤珍教授、丹羽泉名誉教授に、この場を借りて改めて御礼申し上げます。

筆者　丹羽裕美・申貞恩

本書の使い方

本書の構成は『わかる韓国語 初級』の続編で全15課からなり、80分～100分の学習で1課ずつ進むことを想定しています。

各課の1ページ目に Can do（目標）と基本会話と演習を提示しました。これは、その課を学ぶと、どのようなことが出来るようになるのかという、いわばゴールを明確化したものです。

Step1　何を達成するかという Can do（目標）を確認し、教師と学習者がそれを共有し授業を進めるようにします。

Step2　Can do を達成するために、必要な知識を「文法と練習」で学んだあと、Step1 の「基本会話」と「演習」にチャレンジします。Step1 ではわからなかったものが出来るようになったことを学習者が実感し、自信が持てるようになることを期待しています。

Step3　「応用活動」は、もう1歩レベルアップを図るものとなっています。
Step2 までに学んだ内容を基に会話、作文、聞き取りを行います。

- ・말하기（会話）では、短いセンテンスの会話文を覚え、次のページにある日本語訳を見ながら言えるようにします。
- ・쓰기（作文）では、学んだ文法を用いて、身近な話題について韓国語で文を作れるようにします。
- ・듣기（聞き取り）では、設問に答えるだけでなく、聞いて書きとる（받아쓰기）を行います。

Step3 は宿題など自習学習として用い、次の授業で発表や答え合わせしながら復習されると良いでしょう。各課が終る際に Can do（目標）が達成できたか、自己評価してみてください。

目次

巻末付録

初級のポイント

『わかる韓国語 初級』で学んだ内容の一部です。

●用言と語幹

動詞・形容詞・存在詞（**있다、없다**）・指定詞（**이다、아니다**）をまとめて「用言」といいます（名詞などは体言といいます）。

用言を辞書で引くと、すべて **'다'** で終わります。この **'다'** を除いた前の部分を「語幹」といいます。

そして語幹の最後の文字を「語幹末」といい、語幹末にパッチムの無いものを「母音語幹」、パッチムの有るものを「子音語幹」、ㄹパッチムのものを「ㄹ語幹」といいます。

●用言の活用

日本語と同様に、韓国語も用言の後ろに接尾辞や語尾がつきます。そのとき、用言は規則的に形を変えます。それを「活用」といいます。

活用の種類は３種類あります。それを Ⅰ型 Ⅱ型 Ⅲ型 と表記します。

Ⅰ型：語幹そのもの

Ⅱ型：母音語幹とㄹ語幹は語幹そのもの、子音語幹には「**으**」をつける

Ⅲ型：語幹末の母音がㅏ、ㅗ、ㅑの場合「**아**」を、それ以外の場合「**어**」をつける

●否定形

動詞や形容詞の否定形は**안-**用言か、Ⅰ型 **-지 않다**を用います。存在詞**있다**の否定形は**없다**、指定詞**이다**の否定形は**아니다**です。

●韓国語の敬語

敬語の体系は日本語と同様、丁寧・尊敬・謙譲があります。

丁寧：「～です・～ます」にあたるもので、格式体（**합니다**体）と非格式体（**해요**体）がある。

格式体：母音語幹とㄹ語幹（ㄹを取る）は**-ㅂ니다**、子音語幹には**-습니다**をつける

非格式体：Ⅲ型 に**-요**をつける

尊敬：Ⅱ型 に尊敬の接尾辞**-시-**をつける尊敬形と、食べる（**먹다**）が召し上がる（**드시다**）のように単語が変わる尊敬語がある。詳しくは130ページを参照ください。

謙譲（語）：あげる（**주다**）が差し上げる（**드리다**）のように単語が変わる。

第 1 課 오늘은 비가 오니까 주말은 어때요?

Can do 理由をあげながら提案をすることができる。

基本会話 001

A : 오늘 같이 신라 박물관에 갈까요?

B : ①오늘은 비가 오니까 ②주말에 가요.

A : 네, 좋아요.

演習 基本会話の下線部を変えて、隣の人と韓国語で話しましょう。

①	②
박물관은 멀다	식물원 (植物園)
지난번에도 갔다	미술관 (美術館)
이번 주 시험이 있다	다음 주 (来週)

語彙 어휘 表現 표현 002

- 신라 (新羅)
- 박물관 (博物館)
- 주말 (週末)
- 멀다 (遠い)
- 지난번 (前回)
- 이번 주 (今週)
- 시험 (試験)

文法と練習 문법 사항

(audio) 003

補足単語 보충 단어

- 힘들다（大変だ）
- 함께, 같이（一緒に）
- 다 함께（みんなで）
- 잼（ジャム）
- 조금（少し）
- 앉다（座る）
- 딸기（イチゴ）

●鼻音化

パッチム ㅂ型 ㄷ型 ㄱ型 の後ろの初声に ㅁ または ㄴ が続く場合、パッチムを発音する ㅁ の形に従い、パッチムの音がそれぞれ ㅁ、ㄴ、ㅇ に変わります。

詰まるパッチム	ㅂ型	ㄷ型	ㄱ型
口の形	↓ 閉じる	↓ 舌先を歯茎につける	↓ 自然に開く
鼻音「ン」	↓ ㅁ〔m〕 閉じる	↓ ㄴ〔n〕 舌先を歯茎につける	↓ ㅇ〔ŋ〕 自然に開く

(audio) 004

ㅂ型 ㄷ型 ㄱ型 の後ろに ㅁ から始まる文字が続く例

ㅂ 型＋ㅁ→　ㅁ＋ㅁ　입문　[임문]（入門）
ㄷ 型＋ㅁ→　ㄴ＋ㅁ　몇 명　[면명]（何名）
ㄱ 型＋ㅁ→　ㅇ＋ㅁ　박물관 [방물관]（博物館）

ㅂ型 ㄷ型 ㄱ型 の後ろに ㄴ から始まる文字が続く例

ㅂ 型＋ㄴ→　ㅁ＋ㄴ　갑니다 [감니다]（行きます）
ㄷ 型＋ㄴ→　ㄴ＋ㄴ　옛날　[옌날]（昔）
ㄱ 型＋ㄴ→　ㅇ＋ㄴ　작년　[장년]（昨年）

練習 1 発音の通りにハングルで書きましょう。 005

(1) 막내（末っ子）[　　　　　　　]　(2) 거짓말（嘘）[　　　　　　　]

(3) 한국말（韓国語）[　　　　　　　]　(4) 십년（10 年）[　　　　　　　]

●流音化

ㄹパッチムの後ろにㄴから始まる文字が来ると、ㄴはㄹの音に変化します。また、ㄴパッチムの後ろにㄹから始まる文字が続くと、ㄴパッチムはㄹの音に変化します。これを流音化といいます。

006

ㄹパッチムの後にㄴから始まる文字が続く例

ㄹ＋ㄴ→　ㄹ＋ㄹ　　일년（1 年）[일련]

ㄴパッチムの後にㄹから始まる文字が続く例

ㄴ＋ㄹ→　ㄹ＋ㄹ　　연락（連絡）[열락]

練習 2 発音の通りにハングルで書きましょう。 007

(1) 한류（韓流）[　　　　　　　]　(2) 설날（正月）[　　　　　　　]

(3) 관람（観覧）[　　　　　　　]　(4) 실내（室内）[　　　　　　　]

● Ⅱ型 -ㅂ시다 / Ⅲ型 -요

「一緒に行きましょう」のような勧誘を表す場合は Ⅱ型 **-ㅂ시다**あるいは Ⅲ型 **-요**を用います。Ⅱ型 **-ㅂ시다**は親しい間柄で用いられますが、目上には用いることが出来ない点に注意が必要です。Ⅲ型 **-요**を用いるのが一般的です。

주말에 같이 갑시다. / 가요.
(週末に一緒に行きましょう。)

練習 3 例にならって(　　)の語を入れて適切な会話を完成させましょう。

例 A: 점심 같이 먹을까요? (먹다) B: 네, 같이 먹읍시다. / 먹어요.

(1) A: 이번 주 일요일에 어디에 ＿＿＿＿＿＿? (가다)

B: 함께 산에 ＿＿＿＿＿＿. / ＿＿＿＿＿＿.

(2) A: 어디에 ＿＿＿＿＿＿? (앉다)

B: 저쪽에 ＿＿＿＿＿＿. / ＿＿＿＿＿＿.

(3) A: 오늘 다 함께 뭘 ＿＿＿＿＿＿? (만들다)

B: 딸기 잼을 ＿＿＿＿＿＿. / ＿＿＿＿＿＿.

(4) A: 내일 몇 시에 ＿＿＿＿＿＿? (만나다)

B: 역 앞에서 12 시에 ＿＿＿＿＿＿. / ＿＿＿＿＿＿.

● Ⅱ型 -니까

「今日は雨が降っているので」のような理由を表す場合は Ⅱ型 **-니까**を用います。

POINT

理由を表す表現は他に Ⅲ型 **-서**（２課）や Ⅰ型 **-기 때문에**（３課）があります。しかし、これらの後ろには勧誘文や命令文を用いることができません。一方、Ⅱ型 **-니까**は後ろに勧誘文や命令文など聞き手に行動を促す文が続きやすいです。

오늘은 비가 오니까 주말에 가요.
（今日は雨が降っているので週末に行きましょう。）

また、文末表現では Ⅱ型 **-니까요**の形で用いられることがあります。

오늘은 비가 오니까요.
（今日は雨が降っているので。）

練習 4　例にならって２つの文を１つの文にしましょう。

例 오늘은 바쁘다（今日は忙しい）/ 내일 오다（明日来る）

→ 오늘은 바쁘니까 내일 오세요.

(1) 눈이 내리다（雪が降る）/ 운전을 조심하다（運転を気をつける）

→ ______

(2) 공항까지 멀다（空港まで遠い）/ 택시를 타다（タクシーに乗る）

→ ______

(3) 바람이 불다（風が吹く）/ 문을 닫다（ドアを閉める）

→ ______

(4) 밖에서 놀았다（外で遊んだ）/ 손을 씻다（手を洗う）

→ ______

練習 5 (　　)の語を用いて日本語を韓国語にしましょう。(文末は非格式体)

(1) 明日試験なので勉強しましょう。(내일 시험이다, 공부하다)

→

(2) 雨が降っているので洗濯物を取り込みましょう。(비가 오다, 빨래를 걷다)

→

(3) 食事をしたので歯を磨きましょう。(식사를 했다, 이를 닦다)

→

(4) 遅くなったのでもう家に帰りましょう。(늦었다, 이제, 집에 가다)

→

●ソウルの地図

「応用活動」듣기に한강（漢江）が出てきます。ソウルの街を見てみましょう。

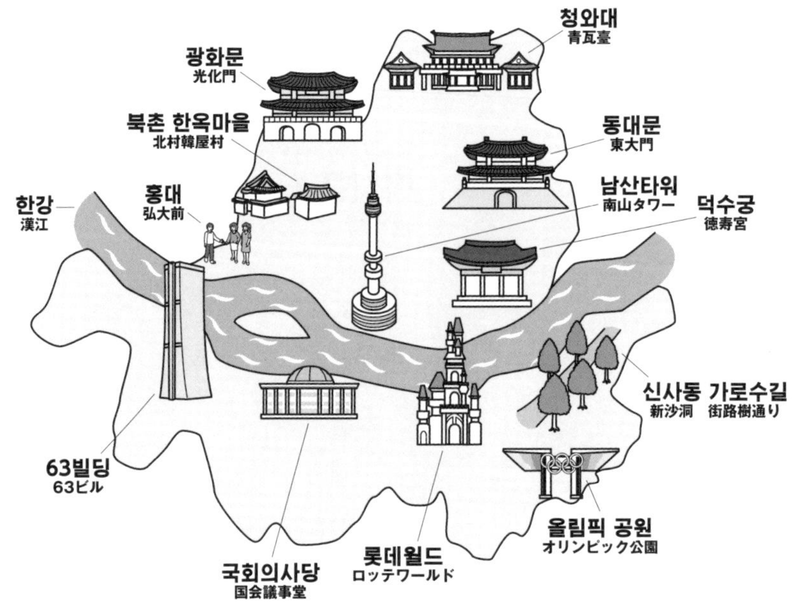

応用活動 응용활동

🔊 008

補足単語 보충 단어

- 결과가 나오다（結果が出る）
- 싸우다（喧嘩する）
- 한잔하다（一杯する）
- 별로이다（いまいちだ）
- 비가 오는 날（雨が降る日）
- 사실은（実は）
- 다시（また）
- 이따（後で）
- 연락하다（連絡する）
- 항상（いつも）

말하기 会話

演習 1 会話文を訳して、読む練習をしましょう。 🔊 009

정은: 영보 씨 무슨 일 있어요?

영보: 오전에 시험 결과가 나와서 기분이 안 좋아요.

정은: 그래요? 사실은 저도 친구하고 싸워서 기분이 별로예요.

영보: 그럼 오늘 같이 한잔하러 갈까요?

정은: 네, 좋아요. 비도 오니까 막걸리에 부침개 어때요?

영보: 좋아요. 이따 다시 연락해요.

쓰기 書き取り

演習 2 質問に対する自身の答えを Ⅱ型 -니까を用いて書いてみましょう。

(1) 주말에 무엇을 합니까?

(2) 비가 오는 날에는 무엇을 합니까?

演習〈3〉 日本語訳 演習１の日本語訳です。音声を聞きながら練習します。
日本語訳から韓国語で言えて、書けるようにすることを目指します。

ジョンウン： ヨンボさんどうかしましたか。
ヨンボ： 午前に試験結果が出たので気分が良くないんです。
ジョンウン： そうですか。実は、私も友だちと喧嘩して気分がいまいちです。
ヨンボ： では、今日一緒に一杯しに行きましょうか。
ジョンウン： はい、良いです。雨も降っているのでマッコリにチヂミどうですか。
ヨンボ： 良いです。では、また連絡しましょう。

듣기 聞き取り

問題〈1〉 音声を聞いて、下線部の語句を韓国語で書きましょう。 010

소연 : 민수 씨, 오랜만이에요. 잘 지냈어요?

민수 : 네, 잘 지냈어요.

소연 : 혹시 주말에 시간 있어요?

전부터 ____________에 한번 가고 싶었어요.

민수 : __________은 어때요?

주말에는 항상 ______________________.

問題〈2〉 問題１の音声を聞いて、設問にふさわしい答えを韓国語で書きましょう。

(1) 두 사람은 어디에 가기로 했습니까?

____

(2) 왜 평일에 가기로 했습니까?

____

第 2 課　숙제가 있어서 공부해야 해요.

Can do　理由を述べて誘いを断ることができる。

基本会話　011

A：내일 ①시간 있으면 같이 영화 보러 갈까요?

B：미안해요. ②숙제가 있어서 ③공부해야 해요.

A：그래요? 그럼 다음에 가요.

演 習　基本会話の下線部を変えて、隣の人と韓国語で話しましょう。

①	②	③
괜찮다	내일 회의가 있다	준비를 하다
약속이 없다	다음 주 발표가 있다	도서관에 가다
바쁘지 않다	한국에서 친구가 오다	안내하다

語彙 어휘　表現 표현　012

- 괜찮다（大丈夫だ）
- 준비（準備）
- 도서관（図書館）
- 안내하다（案内する）
- 회의（会議）
- 발표（発表）
- 바쁘다（忙しい）

文法と練習 문법 사항

013

補足単語 보충 단어

- □ 열심히 （熱心に、一生懸命）
- □ 지키다 （守る）
- □ 배 고프다 （お腹がすく）
- □ 밥을 하다 （ご飯を炊く）
- □ 일찍 （(時間帯が) 早く）
- □ 슬프다 （悲しい）
- □ 울다 （泣く）
- □ 어젯밤 （昨晩）

● Ⅱ型 -면

「時間があったら」のように条件や仮定を表す場合には Ⅱ型 **-면** を用います。

내일 시간 있으면 같이 영화 보러 갈까요?

（明日時間あったら、一緒に映画を見に行きましょうか。）

名詞につく場合は **-(이)라면** という形を用います。

토요일이라면 괜찮아요.

（土曜日だったら大丈夫です。）

커피는 없지만 홍차라면 있어요.

（コーヒーはありませんが、紅茶ならあります。）

練習 1 （　　）の語を用いて日本語を韓国語にしましょう。（文末は非格式体）

(1) 明日なら時間があります。（내일, 시간이 있다）

→ ______________________

(2) 試験が終わったら一緒に遊びに行きましょう。（시험이 끝나다, 같이, 놀러 가다）

→ ______________________

(3) 遅く寝ると次の日疲れます。（늦게 자다, 다음 날 피곤하다）

→ ______________________

(4) 頭が痛ければ休んでください。(머리가 아프다, 쉬다)

→ ______________________________

● Ⅲ型 -야 하다

「勉強しなければなりません」のような義務や必要性を表す場合には、Ⅲ型 **-야 하다** を用います。

공부해야 해요.
(勉強しなければなりません。)

練習 2 **提示された文を Ⅲ型 -야 해요にしましょう。**

(1) 열심히 운동하다 ______________________________

(2) 약속을 지키다 ______________________________

(3) 한글로 쓰다 ______________________________

(4) 문을 열다 ______________________________

練習 3 **例にならって(　　)の語を用いて会話を完成させましょう。**

例 A：내일 시간 괜찮아요?

B：아뇨, 내일은 공부해야 해요.

(1) A：배 고파요. 밥 있어요?

B：아뇨, 밥을 ______________________________. (하다)

(2) A： 내일 시간이 있어요?

B： 내일은 대학교 선배를 ____________________. (만나다)

(3) A： 저녁에 같이 술 마실까요?

B： 오늘 일찍 집에 ____________________. (가다)

● Ⅲ型 -서

1）順序

「デパートに行ってプレゼントを買います」の「デパートに行って」のように、順序を表す場合には Ⅲ型 **-서** を用います。

백화점에 가서 선물을 사요.
（デパートに行ってプレゼントを買います。）

POINT

Ⅰ型 **-고** と Ⅲ型 **-서** はどちらも「順序」を表す際に用いられますが、Ⅰ型 **-고** は前の事柄が終わって後ろの事柄が始まる場合に、Ⅲ型 **-서** は前の事柄が起こらないと後ろの事柄が起こらないような場合（前提条件）に用いられます。

오전에는 학교에 가고 오후에는 친구를 만나요.
（午前に学校に行き、午後は友達に会います。）

학교에 가서 친구를 만나요.
（学校に行って友達に会います。）

2）原因や理由

Ⅲ型 -서には「試験があるので」のように原因や理由を表す場合もあります。

숙제가 있어서 공부해야 해요.

（宿題があるので勉強しなければなりません。）

原因を表す Ⅲ型 -서は Ⅲ型 -서요の形で文末に用いられることがあります。

숙제가 있어서요.

（宿題があるので。）

練習 4 Ⅲ型 -서を用いて日本語を韓国語にしましょう。（文末は非格式体）

(1) 風邪をひいたので喉が痛いです。（감기에 걸리다, 목이 아프다）

→ ______________________________

(2) 銀行に行ってお金をおろします。（은행에 가다, 돈을 찾다）

→ ______________________________

(3) 明日は約束があるので行けません。（약속이 있다, 못 가다）

→ ______________________________

(4) 昨日、キンパを作って食べました。（만들다, 먹다）

→ ______________________________

(5) 遅れてごめんなさい。（늦다, 미안하다）

→ ______________________________

練習 5 例にならって（　　）の語を用いて、会話を完成させましょう。

例 A：주말에 영화 보러 가요.（바쁘다）

B：죄송해요. 이번 주말은 바빠서요.

(1) A：어제는 왜 안 왔어요?（나다）

B：미안해요. 열이 ＿＿＿＿＿＿＿＿＿＿.

(2) A：왜 우세요?（슬프다）

B：한국 드라마가 너무 ＿＿＿＿＿＿＿＿＿＿.

(3) A：어디 아파요?（마시다）

B：어젯밤에 술을 많이 ＿＿＿＿＿＿＿＿＿＿.

(4) A：주말에 친구를 만났어요?（있다）

B：아뇨, 못 만났어요. 월요일에 시험이 ＿＿＿＿＿＿＿＿＿＿.

応用活動 응용활동

014

補足単語 보충 단어

□그렇게（そのように、そう）　□돌아가다（戻る、帰る）

말하기 会話

演習〈1〉会話文を訳して、読む練習をしましょう。 015

규호: 정은 씨, 오늘 시간 있어요? 혹시 괜찮으면 미술관에 같이 가요.

정은: 미안해요. 오늘은 친구하고 약속이 있어서요.

규호: 그럼 내일은 어때요?

정은: 내일은 일이 있어서 회사에 가야 해요.

다음 주 토요일이라면 괜찮아요.

규호: 그래요? 저도 좋아요.

쓰기 書き取り

演習〈2〉下記の条件を用い、自由に文を作って書いてみましょう。

(1) Ⅱ型 -면を用いること

(2) Ⅲ型 -서と Ⅲ型 -야 하다を用いること

演習〈3〉 日本語訳 演習１の日本語訳です。音声を聞きながら練習します。
日本語訳から韓国語で言えて、書けるようにすることを目指します。

ギュホ： ジョンウンさん、今日時間ありますか。
もし大丈夫なら美術館に一緒に行きましょう。
ジョンウン： ごめんなさい。今日は友達と約束があるので。
ギュホ： では、明日はどうですか。
ジョンウン： 明日は仕事があるので会社に行かなければなりません。
来週土曜日なら大丈夫です。
ギュホ： そうですか。私も良いです。

듣기 聞き取り

問題〈1〉 音声を聞いて、下線部の語句を韓国語で書きましょう。 016

효근: 주안 씨, 내일 백화점에 ＿＿＿＿＿ 쇼핑해요.

주안: 그렇게 하고 싶지만 한국에서 친구가 ＿＿＿＿＿＿＿
공항에 ＿＿＿＿＿＿＿＿＿.

효근: 그래요? 그럼 다음에 가요.

주안: 네. 친구가 서울에 ＿＿＿＿＿＿＿ 같이 쇼핑하러 가요.

問題〈2〉 問題１の音声を聞いて、設問にふさわしい答えを韓国語で書きましょう。

(1) 주안 씨는 내일 무엇을 해야 합니까?

＿＿＿＿＿＿＿＿＿＿＿＿＿＿＿＿＿＿＿＿

(2) 언제 쇼핑하러 갑니까?

＿＿＿＿＿＿＿＿＿＿＿＿＿＿＿＿＿＿＿＿

第 3 課 서울역에 도착할 수 있을까요?

Can do 可能性の有無を聞き手に伝えることができる。

基本会話 　　　　017

손님： 기사님, 9 시까지 ①서울역에 도착할 수 있을까요?

기사： 글쎄요. 지금 ②출근 시간이기 때문에 길이 좀 막혀서요.

손님： 그래요? 그럼 다른 길로 가 주세요.

演習 基本会話の下線部を変えて、隣の人と韓国語で話しましょう。

①	②
병원에 가다	비가 많이 오다
공항에 도착하다	사고가 났다
고속버스 터미널에 가다	공사 중이다

語彙 어휘 ・ 表現 표현 　018

- 손님（お客様）
- 기사님（運転手さん）
- 글쎄요（どうでしょう）
- 출근（出勤）
- 길이 막히다（道が混む）
- 다른 길（ほかの道）
- 사고가 나다（事故が起こる）
- 터미널（ターミナル）
- 공사 중（工事中）

文法と練習 문법 사항

019

補足単語 보충 단어

- □ 편지（手紙）
- □ 반지（指輪）
- □ 가르치다（教える）
- □ 그림을 그리다（絵を描く）
- □ 소개하다（紹介する）
- □ 요리하다（料理する）

● Ⅱ型 -ㄹ 수 있다 / 없다

「到着できる」のような可能を表す場合は Ⅱ型 **-ㄹ 수 있다**を用い、「到着できない」のような不可能を表す場合は Ⅱ型 **-ㄹ 수 없다**を用います。

本文では**도착할 수 있다**（到着できる）に Ⅱ型 **-ㄹ까요?**（～でしょうか）が後続して、**도착할 수 있을까요?**（到着できるでしょうか）となります。

POINT

不可能を表す Ⅱ型 **-ㄹ 수 없다**と、『わかる韓国語 初級』21課で学んだ**못～** / Ⅰ型 **-지 못하다**（～できない）は置き換えができます。
ただし、事情によって意志通りにできない場合には、**못～** / Ⅰ型 **-지 못하다**を用います。

선생님: **숙제 다 했어요?**（先生：宿題全てしましたか。）

학　생: **아직 다 하지 못했어요.**（学生：まだ全てはできていません。）

학　생: **아직 다 할 수 없었어요.** ※ Ⅱ型 -ㄹ 수 없다は不自然

練習 1 （　　）の語を用いて日本語を韓国語にしましょう。（文末は非格式体）

(1) キムチを食べることができますか。(김치)

→ ________________

(2) ここには駐車することができません。(주차하다)

→ ______

(3) 劇場には6時から入れます。(극장, 들어가다)

→ ______

(4) この机はとても大きくて一人では持てません。(혼자서, 들다)

→ ______

● I型 -기 때문에、名詞＋때문에

「嬉しいから、悲しいから」といった感情ではなく、一般的な常識や論理的な内容の理由や原因は I型 **-기 때문에**を用います。過去形は Ⅲ型 **-ㅆ기 때문에**となります。

지금 출근 시간이기 때문에 길이 좀 막혀서요.
(今、出勤時間なので道がちょっと混んでいて。)

名詞の場合は、名詞の後ろに直接**때문에**が続く場合と、名詞に **-이기 때문에**が続く場合で意味が異なります。

POINT

名詞の後ろに直接**때문에**が続くと、原因・直接的な理由を表し、「～のため、～のせいで」と訳されますが、**-이기 때문에**が続く場合には「～なので」と訳すと自然です。

일 때문에 갈 수 없어요.
(仕事のため行くことができません。)

제 일이기 때뉸에 제가 해야 해요.
(私の仕事なので私がしなければなりません。)

練習 2 (　　)の語を用いて日本語を韓国語にしましょう。(文末は非格式体)

(1) 中国人の友達と暮らしているので中国語をよく知っています。
(중국인 친구와 살다, 중국어를 잘 알다)

→ ______

(2) 私の本ではないので貸せません。(제 책이 아니다, 빌려 주다)

→ ______

(3) 外がうるさいので窓を閉めました。(밖이 시끄럽다, 창문을 닫다)

→ ______

(4) 立ち入り禁止なので、ここに入ることができません。(출입금지이다, 들어가다)

→ ______

(5) 雪のせいで前が見えません。(눈, 앞이 안 보이다)

→ ______

●주다について

주다は「～くれる、～あげる」と両方の意味を持ち日本語とは異なるため、ここでまとめておきましょう。

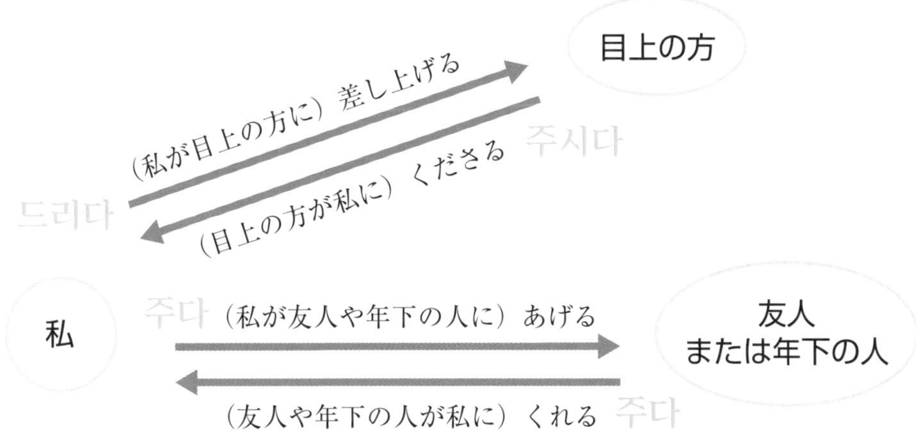

1) 名詞につく場合

名詞の後ろに **-를 / -을 주다**をつけます。
주다「あげる、くれる」の区別は下記のように文脈から読み取ります。

나는 친구에게 책을 주었어요.
(私は友達に本をあげました。)

친구가 나에게 공책을 주었어요.
(友達が私にノートをくれました。)

敬語を用いる相手には、謙譲語の**드리다**や尊敬形の**주시다**を用います。
合わせて、助詞も変えると良いでしょう。(130 ページ参照)

POINT

自分を低め**주다**の謙譲語の**드리다**を用います。

제가 할머니께 선물을 드렸이요.
(私がおばあさんにお土産を差し上げました。)

POINT

目上の人がなさる行為に対して尊敬形の**주시다**を用います。

할머니께서 저에게 생일 선물을 주셨어요.

(おばあさんが私に誕生日プレゼントをくださいました。)

練習 3 (　　)の中を参考にして適切な文にしましょう。

(1) **나는 미카 씨에게 과자를 ＿＿＿＿＿.** (あげました)

(2) **미카 씨가 나에게 과일을 ＿＿＿＿＿.** (くれました)

(3) **저는 아버지께 감사의 편지를 ＿＿＿＿＿.** (差し上げました)

(4) **어머니께서 저에게 반지를 ＿＿＿＿＿.** (くださいました)

2）動詞につく場合

動詞を Ⅲ型 にして後ろに**주다**をつけます。

나는 친구에게 케이크를 만들어 주었어요.

(私は友達にケーキを作ってあげました。)

친구가 나에게 초콜릿을 만들어 주었어요.

(友達が私にチョコレートを作ってくれました。)

敬語を用いる相手には、謙譲語や尊敬形を用います。

제가 할머니께 불고기를 만들어 드렸어요.

(私がおばあさんにプルコギを作って差し上げました。)

할머니께서 저에게 파전를 만들어 주셨어요.

(おばあさんが私にネギチヂミを作ってくださいました。)

～（し）てください

「早く行ってください」のような、依頼の意味を持つ「～（し）てください」は
Ⅲ型 **주십시오** / Ⅲ型 **주세요**という形を用います。

서울역까지 빨리 가 주세요.
（ソウル駅まで早く行ってください。）

～（し）て差し上げる

Ⅲ型 **드리다**を用い「～（し）て差し上げます」という場合、Ⅲ型 **드리겠습니다** /
Ⅲ型 **드릴게요**を用います。

練習 4 （　）の日本語を参考にして適切な文にしましょう。（文末は非格式体）

(1) 나는 동생에게 ＿＿＿＿ ＿＿＿＿ ＿＿＿＿.
（韓国語を教えてあげました）

(2) 동생은 나에게 ＿＿＿＿ ＿＿＿＿ ＿＿＿＿.
（絵を描いてくれました）

(3) 교수님께서 저에게 ＿＿＿＿ ＿＿＿＿ ＿＿＿＿.
（会社を紹介してくださいました）

(4) 제가 할머니께 ＿＿＿＿ ＿＿＿＿ ＿＿＿＿.
（料理をして差し上げました）

練習 5 例にならって（　　）の語を用い、会話文を完成させましょう。

例 A：문을 열어 주세요.（열다）

B：네, 열어 드리겠습니다.

(1) A：ソウルを案内してください。(안내하다)

B：はい、案内して差し上げます。

(2) A：写真を撮ってください。(사진을 찍다)

B：はい、撮って差し上げます。

(3) A：これも包装してください。(포장하다)

B：はい、包装して差し上げます。

応用活動 응용활동

🔊 020

補足単語 보충 단어

- □ 직원 (職員)
- □ 바꾸다 (換える)
- □ 바로 (すぐ)
- □ 늦게까지 (遅くまで)
- □ 싸다 (安い)
- □ -(으)로 (～に：変化を表す)
- □ 빈방 (空室)
- □ 체크아웃 (チェックアウト)
- □ 신용카드 (クレジットカード)
- □ 쓰다 (使う)

말하기 会 話

演習〈1〉会話文を訳して、読む練習をしましょう。 🔊 021

손님: 다른 방으로 바꿀 수 없을까요?
화장실에 물이 나오지 않아서요.

직원: 죄송하지만 빈방이 없기 때문에 바로 바꿔 드릴 수 없습니다.

손님: 그럼 언제 바꿀 수 있어요?

직원: 체크아웃이 10 시까지니까 그 후라면 바꿔 드릴 수 있습니다.

손님: 네, 그렇게 해 주세요.

쓰기 書き取り

演習〈2〉質問に対する自身の答えを Ⅰ型 **-기 때문에** を用いて作ってみましょう。

(1) 주말에 같이 식사 할 수 있습니까?

---

(2) 왜 한국어를 공부합니까?

演習〈3〉 日本語訳 演習１の日本語訳です。音声を聞きながら練習します。
日本語訳から韓国語で言えて、書けるようにすることを目指します。

客： 他の部屋に換えられませんか。
トイレの水が出てこなくて。（トイレに水が出てこなくて）

職員： 申し訳ございませんが、空いている部屋がないので、すぐ換えて差し上げることが出来ません。

客： では、いつ換えられますか。

職員： チェックアウトが10時までなので、その後でしたら換えて差し上げることが出来ます。

客： はい、そのようにしてください。

듣기 聞き取り

問題〈1〉 音声を聞いて、下線部の語句を韓国語で書きましょう。 022

이웃집 사람： 어디 가세요?

나： 신발 사러 시장에 가요. 백화점보다 ＿＿＿＿＿＿＿＿
자주 가요.

이웃집 사람： 시장에서도 신용카드를 ＿＿＿＿＿＿＿＿?

나： 아뇨, 시장에서는 ＿＿＿＿＿＿＿＿.

問題〈2〉 問題１の音声を聞いて、設問にふさわしい答えを韓国語で書きましょう。

(1) 왜 시장에 자주 갑니까?

＿＿＿＿＿＿＿＿＿＿＿＿＿＿＿＿

(2) 시장에서는 신용카드를 쓸 수 있습니까?

＿＿＿＿＿＿＿＿＿＿＿＿＿＿＿＿

第 4 課　그 이야기 들으셨어요?

Can do　ㄷ変格用言を理解し、尊敬形の推量や過去を用いることができる。

基本会話　023

A：그 이야기 들으셨어요?

어제 ①진우 씨가 상을 받았어요.

B：정말요? 누구한테서 들었어요?

A：오늘 ②과장님한테서 들었어요.

演習　基本会話の下線部を変えて、隣の人と韓国語で話しましょう。

①	②
이수 씨가 텔레비전에 나오다	이수 씨
형주 씨가 다리를 다치다	형주 씨 어머니
주영 씨가 태형 씨에게 고백하다	친구

語彙 어휘　表現 표현　024

- 이야기 (話)
- 듣다 (聞く)
- 상 (賞)
- 과장님 (課長)
- 나오다 (出てくる)
- 다리를 다치다 (脚を怪我する)
- 고백하다 (告白する)

文法と練習 문법 사항

🔊 025

補足単語 보충 단어

- 자리（席）
- 여행을 가다（旅行に行く）
- 오늘 아침（今朝）
- 삼계탕（参鶏湯）
- 사장님（社長）
- 손자（孫）

●ㄷ変格用言

語幹末のパッチムがㄷの用言の中には、Ⅱ型とⅢ型でパッチムㄷがㄹに変わるものがあります。これをㄷ変格用言といいます。

		Ⅰ型	Ⅱ型	Ⅲ型
ㄷ変格	묻다（尋ねる）	묻-	물으-	물어-
	듣다（聞く）	듣-	들으-	들어-

変格用言に対して、通常の活用をする用言を正格用言といいます。

		Ⅰ型	Ⅱ型	Ⅲ型
正　格	닫다（閉める）	닫-	닫으-	닫아-
	받다（受け取る）	받-	받으-	받아-

練習 1 例にならってそれぞれの形にしましょう。（※は正格用言）

	Ⅰ型 -고	Ⅱ型 -면	Ⅲ型 -요
걷다（歩く）	걷고	걸으면	걸어요
듣다（聞く）			
묻다（尋ねる）			
싣다（積む）			

닫다 (閉める)※	닫고	닫으면	닫아요
묻다 ((ヨゴレが)つく)※			
받다 (受け取る)※			
믿다 (信じる)※			

練習 2 (　　)の語を用いて日本語を韓国語にしましょう。(文末は非格式体)

(1) トラックに荷物を積みました。(트럭, 짐, 싣다)

→ ____________________

(2) 誕生日プレゼントをもらいました。(생일 선물, 받다)

→ ____________________

(3) 私の言葉を信じてください。(제 말, 믿다)

→ ____________________

(4) 私は毎日 K-POP を聞きます。(케이팝을 듣다)

→ ____________________

●尊敬の推量と過去

初級で学んだ尊敬形は130ページで復習することができます。

1）尊敬の推量

推量（～でしょう）を表す際に Ⅰ型 **-겠-** を用います。尊敬形 Ⅱ型 **-시-** あるいは尊敬語の後に **-겠-** を続けて、格式体では Ⅱ型 **-시겠습니다**、非格式体では Ⅱ型 **-시겠어요** の形で用います。

연말이니까 바쁘시겠어요.
（年末なのでお忙しいでしょう。）

また、Ⅱ型 **-시겠습니까?**、Ⅱ型 **-시겠어요?** の形で聞き手の意向を丁寧に尋ねる表現になります。

김밥 드시겠어요?
（キンパ召し上がりますか。）

練習 3 例にならって（　　）の語を入れて適切な会話を完成させましょう。

例 A：내일은 어디에 가시겠어요?（가다）
　 B：백화점에 가고 싶어요.

(1) A：어디에 ＿＿＿＿＿＿＿＿＿＿?（앉다）
　 B：저쪽 자리가 좋겠어요.

(2) A：여름에 같이 ＿＿＿＿＿＿＿＿＿＿?（여행을 가다）
　 B：네, 좋아요.

(3) A：점심에 뭘 ＿＿＿＿＿＿＿＿＿＿?（드시다）
　 B：오랜만에 삼계탕은 어때요?

2） Ⅱ型 -셨- 尊敬の過去

尊敬 Ⅱ型 **-시-** の過去形は Ⅱ型 **-셨-** になります。
格式体では Ⅱ型 **-셨습니다** / Ⅱ型 **-셨습니까?** という形を、非格式体では Ⅱ型 **-셨어요** / Ⅱ型 **-셨어요?** という形を用います。

점심 식사하셨어요?
（お昼、食事はされましたか。）

練習 4 例にならって尊敬の過去形を用いて日本語を韓国語にしましょう。

例 昨日何をなさいましたか。

→ 어제 뭘 하셨어요?

(1) 社長が来られました。

→ ______________________________

(2) 今朝、新聞を読まれましたか。

→ ______________________________

(3) これ祖父が作られました。

→ ______________________________

(4) 昨日、会社に行かれましたか。

→ ______________________________

●～에게서 / ～한테서

「友達から」のように人を表す名詞につく「から」は **-에게서** が用いられます。話しことばでは **-에게서** の代わりに **-한테서** がよく用いられます。

친구에게서 / 한테서 받았어요. (友達からもらいました。)

練習 5 (　　)の語を用いて日本語を韓国語にしましょう。(文末は非格式体)

(1) 友達から連絡が来ましたか。

→ ______________________________

(2) 先生は学生からその話を聞きました。

→ ______________________________

(3) おばあさんは孫から花を受け取られました。

→ ______________________________

POINT **반말**(パンマル)について

パンマルとは年下の聞き手や親しい友人などに使う「タメ口」です。

基本的には丁寧形 Ⅲ型 **-요** の **-요** を取ります。

例 **해요** (します) → **해** (する)、**했어요** (しました) → **했어** (した)

また、指定詞の現在形 **-예요** / **-이에요** の場合は **-야** / **-이야**、**아니에요** は **아니야** にします。

「私」の **저** は **나** に、「私の」の **제** は **내** にします。

例 **이름이 뭐예요?** (名前は何ですか。) → **이름이 뭐야?** (名前は何？)
제 이름은 켄이에요. (私の名前はケンです。) → **내 이름은 켄이야.** (僕の名前はケンだ。)
저는 켄이 아니에요. (私はケンではありません。)
→ **나는 켄이 아니야.** (僕はケンではない。)

返事の「はい」は **응** に、「いいえ」は **아니** になります。

応用活動 응용활동

🔊 026

補足単語 보충 단어

- □ 저기（あの）
- □ 가입하다（加入する）
- □ 연회비（年会費）
- □ 무료（無料）
- □ 아（あっ）
- □ 와（わあ）
- □ 전문점（専門店）
- □ 잘 먹을게（いただきます）잘 먹을게요のパンマル
  より丁寧な表現は잘 먹겠습니다

말하기 会 話

演習〈1〉会話文を訳して、読む練習をしましょう。 🔊 027

직원 : 저기, 이번에 신용카드 하나 안 만드시겠어요?

손님 : 신용카드요?

직원 : 네, 지금 가입하시면 연회비 무료입니다.

손님 : 그래요? 아내와 이야기를 좀…….

직원 : 연회비 무료는 오늘까지입니다.

손님 : 아, 아내한테서 전화가 왔어요. 여보세요?

쓰기 書き取り

演習〈2〉Ⅱ型 -시겠- を用いて相手に意向を尋ねる文を作ってみましょう。

(1) ______________________________

(2) ______________________________

演習〈3〉 日本語訳 演習１の日本語訳です。音声を聞きながら練習します。
日本語訳から韓国語で言えて、書けるようにすることを目指します。

職員：　あの、今回クレジットカード１つ作られませんか？
客：　クレジットカードですか。
職員：　はい、今加入されれば年会費無料です。
客：　そうですか。妻と話をちょっと…。
職員：　年会費無料は今日までです。
客：　あっ、妻から電話が来ました。もしもし。

듣기 聞き取り

問題〈1〉 音声を聞いて、下線部の語句を韓国語で書きましょう。 028

후배 : 선배님, ________________________________?

아직이시면 __________ 좀 ________________________?

선배 : 와! 맛있겠다. 어디서 샀어?

후배 : 김밥 전문점에서 샀어요. ______________ 10분 정도예요.

선배 : 고마워. 잘 먹을게.

問題〈2〉 問題１の音声を聞いて、設問にふさわしい答えを韓国語で書きましょう。

(1) 후배는 선배에게 무엇을 드렸습니까?

____

(2) 김밥 전문점까지 어떻게 갑니까?

____

第 5 課 드라마를 보고 있어요.

Can do 進行や日常の習慣、また状態の継続を表す「～（て）いる」を用いることができる。

基本会話 029

A：요즘 ①한국 드라마에 빠져 있어요.

B：아, 저도 ①한국 드라마 자주 보고 있어요.

A：재미있죠?

언젠가 드라마 ②작가가 되고 싶어요.

演 習 基本会話の下線部を変えて、隣の人と韓国語で話しましょう。

①	②
미국（アメリカ）	감독（監督）
중국（中国）	배우（俳優）
대만（台湾）	스태프（スタッフ）

語彙 어휘 表現 표현 030

- 요즘（最近）
- 빠지다（はまる）
- 언젠가（いつか）
- 작가（作家）

文法と練習 문법 사항

031

補足単語 보충 단어

- 잃어버리다（なくす）
- 벚꽃（桜）
- 피다（咲く）
- 출장으로（出張で）
- 소리（音）
- 우리 집（我が家）
- 서다（立つ）
- 유채꽃（菜の花）
- 손수건（ハンカチ）
- 안경을 쓰다（メガネをかける）
- 바람이 불다（風が吹く）

POINT

日本語の「～（て）いる」は Ⅰ型 **-고 있다**と Ⅲ型 **있다**の2つがあります。

드라마를 보고 있어요.（ドラマを見ています。）

드라마에 빠져 있어요.（ドラマにはまっています。）

● Ⅰ型 -고 있다

「ドラマを見ています」の「見ている」のような進行を表す場合は Ⅰ型 **-고 있다**を用います。尊敬の意味を含める場合には、Ⅰ型 **-고 계시다**（～していらっしゃる）を用います。

드라마를 보고 있어요.
（ドラマを見ています。）

할머니께서는 드라마를 보고 계세요.
（おばあさんはドラマを見ていらっしゃいます。）

また、習慣を表す場合にも用いられ、現在形と置き換え可能です。

요즘 일본어를 공부하고 있어요. / 공부해요.
（最近、日本語を勉強しています。）

練習 1 (　　)の語を用いて適切な会話を完成させましょう。(文末は非格式体)

(1) A: 요즘 뭐 하고 있어요? (배우다)

B: 지난달부터 한국어를 ＿＿＿＿＿ ＿＿＿＿＿.

(2) A: 밖에 무슨 소리예요? (불다)

B: 바람이 ＿＿＿＿＿ ＿＿＿＿＿.

(3) A: 무슨 일 있으세요? (찾다)

B: 지갑을 잃어버려서 ＿＿＿＿＿ ＿＿＿＿＿.

●Ⅲ型 있다

「ドラマにはまっています」の「はまっている」という状態の継続を表す場合は Ⅲ型 **있다**を用います。尊敬の意味を含める場合には、Ⅲ型 **계시다**（～していらっしゃる）を用います。

이 드라마에 빠져 있어요.
(このドラマにはまっています。)

할머니께서는 이 드라마에 빠져 계세요.
(おばあさんはこのドラマにはまっていらっしゃいます。)

練習 2 (　　)の語を用いて適切な会話を完成させましょう。(文末は非格式体)

(1) A: 친구는 어디에 있어요? (서다)

B: 문 앞에 ＿＿＿＿＿ ＿＿＿＿＿.

(2) A: 벚꽃이 폈네요! (피다)

B: 네, 유채꽃도 ＿＿＿＿＿ ＿＿＿＿＿.

(3) A： 사장님께서는 언제부터 ________ ________？(오다)

B： 점심 전에 오셨어요.

練習 3 （　　）の語を用い Ⅰ型 **-고 있다**あるいは Ⅲ型 **있다**を使って、適切な文を作りましょう。 （文末は非格式体）

(1) 友達がこちらに向かっています。(오다)

____

昨日から友達が我が家に来ています。

____

(2) 家の価格が落ちています（落ち続けています)。(떨어지다)

____

道にハンカチが落ちています。

____

(3) 今、地下鉄の駅に向かっています。(가다)

____

出張で中国に行っています。

____

POINT

입다（着る)、**쓰다**（帽子をかぶる、メガネをかける）等の着用動詞や**타다**（乗る）は状態の継続を表す場合でも Ⅲ型 **있다**ではなく、Ⅰ型 **-고 있다**を用います。

치마를 입고 있어요. (スカートをはいています。)　×치마를 입어 있어요.

모자를 쓰고 있어요. (帽子をかぶっています。)　×모자를 써 있어요.

버스를 타고 있어요. (バスに乗っています。)　×버스를 타 있어요.

POINT

결혼하다 (結婚する)、**닮다** (似ている) 等の一部の動詞は状態の継続を表す場合でも Ⅲ型 **있다** ではなく、過去形を用います。

A： 결혼했어요? (結婚していますか。)　×결혼해 있어요?

B： 네, 결혼했어요. (はい、結婚しています。)

練習 4 **日本語を韓国語にしましょう。(文末は非格式体)**

(1) うちの息子は眼鏡をかけています。

(2) 先生はスカートをはいていらっしゃいます。

(3) 私は結婚しています。

(4) 兄は祖父に似ています。

●名詞 -이 / -가 되다

「教師になります」のような「～になる」は **-이 / -가 되다** を用います。

우리 딸이 교사가 됐어요.
（うちの娘が教師になりました。）

また「教師になりたいです」のような「～になりたい」は、**-이 / -가 되다** に Ⅰ型 **-고 싶다** を続けて **-이 / -가 되고 싶다** を用います。

교사가 되고 싶어요.
（教師になりたいです。）

練習 5 **（　　）の語を用いて日本語を韓国語にしましょう。**（文末は非格式体）

(1) 今月、息子が20歳になります。(이번 달, 우리 아들, 스무 살)

____

(2) 来年、弟が高校生になります。(내년, 남동생, 고등학생)

____

(3) 昨年、妹が医者になりました。(작년, 여동생, 의사)

____

(4) 卒業したら看護師になりたいです。(졸업하다, 간호사)

____

応用活動 응용활동

🔊 032

補足単語 보충 단어

- 졸업 (卒業)
- 앞으로 (これから)
- 기다려 주다 (待ってくれる)
- 천천히 (ゆっくり)

말하기 会 話

演習 1 会話文を訳して、読む練習をしましょう。 🔊 033

한국어 선생님 : 졸업 후에 무슨 일을 하고 싶어요?

일본인 학생 : 한국에서 일본어 선생님이 되고 싶어요.

한국어 선생님 : 한국에서 일하고 싶어요?

일본인 학생 : 네, 그래서 요즘 한국 드라마로 한국어를 공부하고 있어요.

한국어 선생님 : 그래요. 열심히 공부해서 꼭 일본어 선생님이 되세요.

쓰기 書き取り

演習 2 質問に対する自身の答えを自由に作ってみましょう。

(1) 앞으로 무슨 일을 하고 싶습니까?

(2) 요즘 무엇에 빠져 있습니까?

演習 〈3〉 日本語訳 演習1の日本語訳です。音声を聞きながら練習します。
日本語訳から韓国語で言えて、書けるようにすることを目指します。

韓国語の先生： 卒業後にどんな仕事をしたいですか。

日本人の学生： 韓国で日本語の先生になりたいです。

韓国語の先生： 韓国で働きたいのですか。

日本人の学生： はい、だから最近韓国ドラマで韓国語を勉強しています。

韓国語の先生： そうですか。一生懸命勉強して必ず日本語の先生になってください。

듣기 聞き取り

問題 〈1〉 音声を聞いて、下線部の語句を韓国語で書きましょう。 034

지현 : 태수 씨, 지금 어디세요?

태수 : 지금 도착해서 ______________________.

지현 : 그래요? 미안하지만 10 분만 기다려 줄 수 있어요?

태수 : 지현 씨, 무슨 일 있어요?

지현 : 손님이 오셔서 ______________________.

태수 : 아, 그래요? 알겠어요. 천천히 오세요.

問題 〈2〉 問題1の音声を聞いて、設問にふさわしい答えを韓国語で書きましょう。

(1) 태수 씨는 지금 어디에 있습니까?

____

(2) 지현 씨는 손님과 무엇을 하고 있습니까?

____

第 6 課 날씨가 점점 더워지네요.

Can do　ㅂ変格用言を理解し、共感を示す表現を用いることができる。

基本会話　035

A：날씨가 점점 ①더워지네요.

B：맞아요. 곧 ②여름이에요.

A：②여름이 되면 ③수박이 생각나요.

演習　基本会話の下線部を変えて、隣の人と韓国語で話しましょう。
③は自分が食べたいものを自由にいれてみましょう。

①	②	③
춥다	겨울	
따뜻하다	봄	
시원하다	가을	

語彙 어휘　表現 표현　036

- 점점（だんだん）
- 곧（もうすぐ）
- 수박（スイカ）
- 생각나다（思い浮かぶ）
- 따뜻하다（暖かい）
- 시원하다（涼しい）

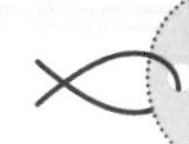

文法と練習 문법 사항

037

補足単語 보충 단어

- 시끄럽다（うるさい）
- 건강하다（健康だ）
- 잡채（チャプチェ）
- 전보다（前より）
- 몸（体）
- 구름（雲）
- 맛없다（まずい）
- 살이 빠지다（やせる）

●ㅂ変格用言

語幹末のパッチムがㅂの用言の中には、Ⅱ型とⅢ型でパッチムㅂを取り우に変えるものがあります。これをㅂ変格用言といいます。このような活用をする多くが形容詞です。

		Ⅰ型	Ⅱ型	Ⅲ型
ㅂ変格	덥다（暑い）	덥-	더우-	더워-
	가깝다（近い）	가깝-	가까우-	가까워-

ㅂパッチムの動詞の多くは正格用言です。

		Ⅰ型	Ⅱ型	Ⅲ型
正　格	입다（着る）	입-	입으-	입어-

POINT

곱다（きれいだ）と돕다（手伝う）だけは、Ⅲ型が워ではなく와になります。

		Ⅰ型	Ⅱ型	Ⅲ型
ㅂ変格	곱다（きれいだ）	곱-	고우-	고와-
	돕다（手伝う）	돕-	도우-	도와-

練習 1 例にならってそれぞれの形にしましょう。(※は正格用言)

	I型 -고	II型 -면	III型 -요
춥다 (寒い)	춥고	추우면	추워요
덥다 (暑い)			
맵다 (辛い)			
밉다 (憎い)			
뜨겁다 (熱い)			
차갑다 (冷たい)			
무겁다 (重い)			
가볍다 (軽い)			
쉽다 (易しい)			
어렵다 (難しい)			
돕다 (手伝う)			
잡다 (掴む)※	잡고	잡으면	잡아요
접다 (折る)※			
입다 (着る)※			
좁다 (狭い)※			

練習 2 (　　)の語を適切な形に変えて文を完成させましょう。

(1) 떡볶이는 ________________고 ________________요. (맵다, 뜨겁다)

(2) 자전거가 ________________면 같이 듭시다. (무겁다)

(3) 음악이 ________________서 라디오를 껐어요. (시끄럽다)

(4) ________________면 코트를 ________________세요. (춥다, 입다)

● Ⅲ型 -지다

「忙しくなる」のような「〜くなる」という変化を表す場合は Ⅲ型 **-지다** を用います。

더워져요.
(暑くなります。)

練習 3 例にならってそれぞれの形にしましょう。

例 방이 따뜻하다 → 방이 따뜻해지다 → 방이 따뜻해져요

(1) 일이 바쁘다 → ________________ → ________________

(2) 날씨가 춥다 → ________________ → ________________

(3) 몸이 건강하다 → ________________ → ________________

(4) 머리가 좋다 → ________________ → ________________

練習 4 (　　)の語を用いて日本語を韓国語にしましょう。(文末は非格式体)

(1) 最近タクシー代が高くなりました。(요즘, 택시비가 비싸다)

→ ____

(2) 前より試験が難しくなりました。(전보다, 시험이 어렵다)

→ ____________________

(3) 荷物が重くなりました。(짐이 무겁다)

→ ____________________

(4) チゲが辛くなりました。(찌개가 맵다)

→ ____________________

● I型 -네요

「天気がだんだん暑くなりますね」のような共感の気持ちを表したり、「韓国語がとても上手ですね」と驚きや感嘆を表す場合、韓国語では I型 **-네요** を用います。

날씨가 점점 더워지네요.
(天気がだんだん暑くなりますね。)

생각보다 많이 먹네요.　※먹네요の発音は鼻音化により[멍네요](1課参照)
(思ったよりたくさん食べますね。)

練習 5 例にならって I型 -네요の文にしましょう。

例 오늘은 구름이 많다. → 오늘은 구름이 많네요.

(1) 이 잡채 정말 맛있다. → ____________________

(2) 이 요리는 너무 맛없다. → ____________________

(3) 집이 멀다. → ____________________

(4) 전보다 살이 빠졌다. → ____________________

알아 봅시다! 調べてみましょう！

한국의 제철 음식에 대해 알아 봅시다.
韓国の旬の食べものについて調べてみましょう。

봄 (春)	
여름 (夏)	
가을 (秋)	
겨울 (冬)	

応用活動 응용활동

038

補足単語 보충 단어

- 상하다（傷む）
- 어울리다（似合う）
- 물건（物）
- 이사하다（引越しする）
- 잘 부탁해요（よろしくお願いします）
- 숏커트（ショートカット）
- 청소하다（掃除する）
- 넣다（入れる）
- 저희（わたくしども）

말하기 会話

演習 1 会話文を訳して、読む練習をしましょう。 039

미용사： 머리가 많이 상하셨네요.

손　님： 네, 요즘 파마를 자주 해서요.

미용사： 머리도 상했고 날씨도 더워지니까 숏커트 어떠세요?

손　님： 저한테 어울릴까요?

미용사： 그럼요.

손　님： 그럼, 그렇게 해 주세요.

쓰기 書き取り

演習 2 Ⅲ型 -지다を用いて、文を完成しましょう。(文末は非格式体)

(1) 방을 청소하면 ________________.

(2) 봄이 되면 ________________.

(3) 가방에 물건을 많이 넣으면 ________________.

演習〈3〉 日本語訳 演習１の日本語訳です。音声を聞きながら練習します。
日本語訳から韓国語で言えて、書けるようにすることを目指します。

美容師： 髪がだいぶ傷んでいらっしゃいますね。

客： はい、最近よくパーマをするので。

美容師： 髪も傷んでいますし、天気も暑くなったのでショートカットいかがですか。

客： 私に似合うでしょうか。

美容師： もちろんです。

客： では、そのようにしてください。

듣기 聞き取り

問題〈1〉 音声を聞いて、下線部の語句を韓国語で書きましょう。 040

재근: 현주 씨, 이사해요?

현주: 네, ______________________.

재근: 어디로 가세요?

현주: 회사 근처로 가려고요.

재근: 그럼 저희 집하고도 ______________________.

현주: 맞아요. 앞으로 잘 부탁해요.

問題〈2〉 問題１の音声を聞いて、設問にふさわしい答えを韓国語で書きましょう。

(1) 현주 씨는 다음 달에 무엇을 합니까?

____

(2) 현주 씨 집은 어디와 가까워집니까?

____

第 7 課　다음에 그 멋있는 카페를 알려 줄게요.

Can do　自身の意志を伝え、聞き手に対して約束をすることができる。

基本会話　041

A：지난 주에 ①제주도에 갔어요.
②멋있는 카페도 있고 참 좋았어요.

B：정말요? 저도 다음 달에 ①제주도에 가거든요.

A：그래요? 그럼, 다음에 그 ②멋있는 카페를 알려 줄게요.

演習　基本会話の下線部を変えて、隣の人と韓国語で話しましょう。

①	②
서울	재미있다, 테마파크
부산	해산물 팔다, 시장
경주	맛있다, 한정식집

語彙 어휘　表現 표현　042

- 제주도（済州島）
- 카페（カフェ）
- 테마파크（テーマパーク）
- 한정식집（韓定食の食堂）
- 멋있다（素敵だ）
- 경주（慶州：都市名）
- 해산물（海産物）

文法と練習 문법 사항

043

補足単語 보충 단어

- 전（私は（저는の縮約形））
- 방법（方法）
- 담배를 피우다（タバコを吸う）
- 늦잠을 자다（寝坊をする）
- 전화를 걸다（電話をかける）
- 갈비탕（カルビタン）
- 분（方：人の尊敬語）
- 관심（関心）
- 해외（海外）

I型 -는

動詞や存在詞（**있다、없다**）あるいは**맛있다**（おいしい）のように**-있다、-없다**がついた形容詞の場合、現在連体形は I型 **-는**を用います。

맛있는 가게도 많고 참 좋았어요.
（おいしい店も多くて本当に良かったです。）

練習 1 **例にならって連体形にしましょう。**

例 만나다（会う）/ 사람（人） → 만나는 사람

(1) 듣다（聞く）/ 노래（歌） → ________

(2) 먹다（食べる）/ 방법（方法） → ________

(3) 끝나다（終わる）/ 시간（時間） → ________

(4) 살다（住む）/ 곳（ところ） → ________

(5) 울다（泣く）/ 아기（赤ちゃん） → ________

(6) 재미있다（面白い）/ 영화（映画） → ________

(7) 맛없다（まずい）/ 음식（食べ物） → ________

練習 2 (　　)の語を用いて会話を完成させましょう。

(1) A: 어떤 사람이 좋아요? (웃다)

B: 전 잘 ＿＿＿＿＿＿ 사람이 좋아요.

(2) A: 취미가 뭐예요? (보다)

B: 제 취미는 한국 드라마를 ＿＿＿＿＿＿ 것이에요.

(3) A: 갈비탕 ＿＿＿＿＿＿ 방법을 가르쳐 주세요. (만들다)

B: 네, 다음에 가르쳐 줄게요.

(4) A: 옆에 ＿＿＿＿＿＿ 분은 누구세요? (계시다)

B: 저희 사장님이세요.

(5) A: 어느 분이 야마다 씨예요? (피우고 있다)

B: 저기서 담배를 ＿＿＿＿＿＿ 분이 야마다 씨예요.

● I型 -거든요

「来月、済州島に行くんですよ」のように聞き手の知らないことや物事の根拠を述べる場合は I型 **-거든요**を用います。話しことばでよく用いられます。

다음 달에 제주도에 가거든요.

(来月、済州島に行くんですよ。)

練習 3 例にならって(　　)の語を用いて、会話を完成させましょう。

例 A: 왜 그렇게 열심히 중국어를 공부해요? (가다)

B: 일 때문에 다음 달에 중국에 가거든요.

(1) A: 집에 일본어 책이 많이 있네요. (많다)

B: 네, 일본어에 관심이 ________________.

(2) A: 저녁에 한잔할까요? (약속이 있다)

B: 미안해요. 오늘 ________________.

(3) A: 내년에 미국에 가세요? (일하다)

B: 네, 내년부터 미국에서 ________________.

(4) A: 왜 늦었어요? (늦잠을 잤다)

B: 죄송해요. ________________.

● II型 -ㄹ게요

「今度、～を教えてあげます」のように意志を表したり、聞き手と約束する場合には II型 **-ㄹ게요**を用います。より丁寧に表す場合は I型 **-겠습니다**を用いるのが好ましいです。

다음에 그 멋있는 카페를 알려 줄게요.

(今度、その素敵なカフェを教えてあげます。)

저 먼저 갈게요.

(私、先に行きます。)

練習 4 例にならって Ⅱ型 -ㄹ게요の文にしましょう。

例 점심 먼저 먹다 → 점심 먼저 먹을게요.

(1) 먼저 가다 → ______

(2) 제가 전화를 걸다 → ______

(3) 이따가 연락하다 → ______

(4) 일찍 일어나다 → ______

練習 5 日本語を韓国語にしましょう。（文末は非格式体）

(1) 海外に電話をかける方法を教えてください。

→ ______

(2) これから気をつけます。

→ ______

(3) 最近、面白い映画ありますか。

→ ______

알아 봅시다! 調べてみましょう！

한국 의 명소를 찾아 봅시다.
韓国の名所を探してみましょう。

地図の中から行ってみたい場所を２か所選んで調べます。
他の人たちと共有してみましょう。

応用活動 응용활동

🔊 044

補足単語 보충 단어

- □ 도와 드리다（お手伝いして差し上げる）
- □ 신분증（身分証）
- □ 어떡하다（どうする）
- □ 영화표（映画のチケット）
- □ 사다（おごる）
- □ 통장（通帳）
- □ 도장（ハンコ）
- □ 필요（必要）
- □ 저녁밥（夕食）

말하기 会 話

演習〈1〉会話文を訳して、読む練習をしましょう。 🔊 045

은행 직원 : 무엇을 도와드릴까요?

고객 : 네, 통장을 만들려고요.

은행 직원 : 신분증하고 도장 좀 주시겠어요?

고객 : 어떡하죠. 신분증만 가지고 왔거든요.

은행 직원 : 죄송합니다. 도장도 필요해요.

고객 : 그래요. 그럼, 이따가 다시 올게요.

쓰기 書き取り

演習〈2〉例にならって Ⅱ型 **-ㄹ게요** を用いて自分の意思を２つ伝えてみましょう。

例 다음부터는 수업 시간에 늦지 않을게요.
오늘은 제가 화장실 청소를 할게요.

(1) ________________

(2) ________________

演習〈3〉 日本語訳 演習１の日本語訳です。音声を聞きながら練習します。
日本語訳から韓国語で言えて、書けるようにすることを目指します。

銀行職員： 何かお手伝いいたしましょうか。

顧　　客： はい、通帳をつくろうと思って。

銀行職員： 身分証とハンコをいただけますか。

顧　　客： どうしましょう。身分証だけ持って来たんですよ。

銀行職員： 申し訳ございません。ハンコも必要です。

顧　　客： そうですか。では、後でまた来ます。

듣기 聞き取り

問題〈1〉 音声を聞いて、下線部の語句を書きましょう。 046

지현: 우혁 씨, 내일 같이 영화 보러 가시겠어요?

우혁: 영화요?

지현: 네, 언니한테서 ________________.

우혁: 정말요? 그럼 제가 ________________.

지현: 좋아요. 어디서 만날까요?

우혁: 오후 3시에 영화관 앞에서 만나요.

問題〈2〉 問題１の音声を聞いて、設問にふさわしい答えを韓国語で書きましょう。

(1) 언니는 지현 씨에게 무엇을 줬습니까?

____

(2) 우혁 씨는 지현 씨에게 무엇을 하기로 했습니까?

____

第 8 課 이번 주 일요일에 뭘 할 거예요?

Can do 自分の計画や意志を伝えることができる。

基本会話 047

A：영재 씨, ①이번 주 일요일에 뭘 할 거예요?

B：②친구하고 뮤지컬을 보러 갈 생각이에요.

현주 씨는요?

A：글쎄요. 저는 아직 계획이 없어요.

演習 基本会話の下線部を変えて、下記の表現を参考にして、隣の人の予定を聞いてみましょう。

①	②
이번 주 주말	집에서 드라마를 보다
다음 주 금요일	친구를 만나다
내일	할머니 댁에 놀러 가다

語彙 어휘 表現 표현 048

□ 뮤지컬 (ミュージカル) □ 계획 (計画)

□ 댁 (お宅：家の尊敬語)

文法と練習 문법 사항

049

補足単語 보충 단어

- 시작하다（始める）
- 김치찌개（キムチチゲ）
- 젓가락（箸）
- 끓이다（煮込む）
- 메뉴（メニュー）
- 숟가락（スプーン）
- 아마（たぶん）

● Ⅱ型 -ㄹ

動詞や形容詞などの未来の事柄や予期する場合、未来連体形は Ⅱ型 -ㄹ を用います。

친구하고 뮤지컬 보러 갈 생각이에요.
（友達とミュージカルを見に行くつもりです。）

POINT

「～するとき」のように用言に**때**をつけるとき Ⅱ型 -ㄹ を用います。

매일 학교에 갈 때 자전거로 가요.
（毎日学校に行くとき自転車で行きます。）

上記のように用いる場合の Ⅱ型 -ㄹ は、未来の時制とは関係ありません。よって、過去の出来事「～したとき」を述べたい場合には、過去形 Ⅲ型 -ㅆ に Ⅱ型 -ㄹ **때**を用います。

백화점에 갔을 때 우연히 선생님을 만났어요.
（デパートに行ったとき偶然先生に会いました。）

また、よく用いられる「子供のとき（頃）」という表現は、**어리다**（幼い）を用いて、**어릴 때**または**어렸을 때**といいます。

練習 1 例にならって連体形にしましょう。

例 사다（買う）/ 물건（もの）　→ 살 물건

(1) 만나다（会う）/ 손님（客）　→ ＿＿＿＿＿＿

(2) 먹다（食べる）/ 예정（予定）　→ ＿＿＿＿＿＿

(3) 만들다（作る）/ 계획（計画）　→ ＿＿＿＿＿＿

(4) 슬프다（悲しい）/ 때（とき）　→ ＿＿＿＿＿＿

(5) 어렸다（幼かった）/ 때（とき）　→ ＿＿＿＿＿＿

練習 2 （　）の語を用いて会話を完成させましょう。

(1) A：회의는 몇 시에 시작해요?（시작하다）

B：오후 2 시부터 ＿＿＿＿＿＿ 예정이에요.

(2) A：오늘 저녁 메뉴는 뭐예요?（끓이다）

B：김치찌개를 ＿＿＿＿＿＿ 생각이에요.

(3) A：이 집 멋있네요.（살다）

B：결혼해서 우리가 ＿＿＿＿＿＿ 집이에요.

(4) A：일본 사람은 밥 ＿＿＿＿＿＿ 때 숟가락도 사용해요?（먹다）

B：아뇨, 보통 젓가락만 사용해요.

(5) A： 생일 선물 준비했어요? (사다)

B： 아직이요. 꽃을 ______________ 생각이에요.

● Ⅱ型 -ㄹ 것이다

「～するだろう」という推量や「～するつもりだ」という予定を表す場合は、Ⅱ型 -ㄹ 것이다を用います。話しことばでは것のパッチムㅅが取れ、格式体でⅡ型 -ㄹ 겁니다、非格式体でⅡ型 -ㄹ 거예요という形でよく用います。

이번 주 일요일에 뭘 할 거예요?

（今週の日曜日に何をするつもりですか。）

練習 3 例にならって文を作りましょう。

例 저녁에 비가 오다 (가) 저녁에 비가 올 겁니다.

(나) 저녁에 비가 올 거예요.

(1) 돈을 찾다 (가) ______________

(나) ______________

(2) 친구와 놀다 (가) ______________

(나) ______________

(3) 사람이 많다 (가) ______________

(나) ______________

(4) 이 음식은 맵다 (가) ______________

(나) ______________

練習 4 例にならって（　）の語を用いて会話を完成させましょう。

例 A：졸업하면 뭘 할 거예요?（공부하다）

B：미국에서 공부할 거예요.

(1) A：민수 씨는 지금 어디에 있어요?（있다）

B：교실에 ＿＿＿＿＿＿＿＿＿＿.

(2) A：이번 주 일요일에 뭘 할 거예요?（가다）

B：일요일에 산에 ＿＿＿＿＿＿＿＿＿＿.

(3) A：물건은 언제 와요?（도착하다）

B：내일 ＿＿＿＿＿＿＿＿＿＿.

(4) A：내일은 오늘보다 따뜻할까요?（춥다）

B：아니요, 내일은 오늘보다 ＿＿＿＿＿＿＿＿＿＿.

(5) A：저 분은 한국 사람이에요?（한국 사람이 아니다）

B：아마 ＿＿＿＿＿＿＿＿＿＿.

●濃音化

050

1）パッチム ㅂ型 ㄷ型 ㄱ型 ＋平音（ㄱ、ㄷ、ㅂ、ㅅ、ㅈ）

パッチム ㅂ型 ㄷ型 ㄱ型 の後ろが平音の ㄱ、ㄷ、ㅂ、ㅅ、ㅈ で始まる場合は濃音化します。（『わかる韓国語 初級』13 課参照）

例 잡지［잡찌］（雑誌）、젓가락［젇까락］（箸）

2）漢字語のパッチム ㄹ ＋平音（ㄷ、ㅅ、ㅈ）

漢字語において語末のパッチムがㄹであり、その後ろが平音のㄷ、ㅅ、ㅈで始まる場合は濃音化します。

＋ ㄷ 例 절대［절때］（絶対）
ㅅ 例 출석［출썩］（出席）
ㅈ 例 결정［결쩡］（決定）

POINT

물건（品物）、**활발**（活発）のように漢字語において語末のパッチムがㄹで、その後ろが平音のㄱ、ㅂで始まる場合は濃音化しません。

3）Ⅱ型 -ㄹ ＋平音（ㄱ、ㄷ、ㅂ、ㅅ、ㅈ）

未来連体形 Ⅱ型 -ㄹ の後ろが平音のㄱ、ㄷ、ㅂ、ㅅ、ㅈで始まる場合は濃音化します。

例 Ⅱ型 -ㄹ 것이다［ㄹ 꺼시다］

Ⅱ型 -ㄹ 겁니다［ㄹ 껌니다］

Ⅱ型 -ㄹ 거예요［Ⅱ型 -ㄹ 꺼예요］

練習 5 発音の通りに書きましょう。 051

(1) 일단（一旦）［　　　］　(2) 발전（発展）［　　　］

(3) 발달（発達）［　　　］　(4) 결석（欠席）［　　　］

(5) 다섯 개（5個）［　　　］　(6) 숙제（宿題）［　　　］

(7) 먹을 것（食べ物）［　　　］　(8) 살 집（住む家）［　　　］

応用活動 응용활동

🔊 052

補足単語 보충 단어

- □ 출석하다 (出席する)
- □ 인사하다 (挨拶する)
- □ 휴가 (休暇)
- □ 축구 (サッカー)
- □ 참 (そうだ(思い出した時))
- □ 보고 드리다 (報告差し上げる)
- □ 이따 봐요 (後で会いましょう)
- □ 직장 동료 (職場の同僚)
- □ 부럽다 (うらやましい)
- □ 계획을 세우다 (計画をたてる)

말하기 会話

演習 1 会話文を訳して、読む練習をしましょう。 🔊 053

김 과장 : 부장님, 오늘 회의에 출석하십니까?

서 부장 : 네, 사장님도 오실 거예요.

김 과장 : 네, 들었습니다.

서 부장 : 보고 드릴 때 인사 먼저 꼭 하세요.

김 과장 : 네, 잘 알겠습니다.

서 부장 : 그럼, 이따 봐요.

쓰기 書き取り

演習 2 質問に対する自身の答えを II型 -ㄹ 거예요 を用いて作ってみましょう。

(1) 오늘 무엇을 할 예정입니까?

(2) 이번 주말에 무엇을 할 예정입니까?

演習〈3〉 日本語訳 演習1の日本語訳です。音声を聞きながら練習します。
日本語訳から韓国語で言えて、書けるようにすることを目指します。

キム課長：部長、今日の会議に出席なさいますか。

ソ 部 長：はい、社長もいらっしゃると思います。

キム課長：はい、聞きました。

ソ 部 長：報告差し上げるとき、挨拶を先に必ずしてください。

キム課長：はい、かしこまりました。

ソ 部 長：では、後で会いましょう。

듣기 聞き取り

問題〈1〉 音声を聞いて、下線部の語句を韓国語で書きましょう。 054

직장 동료: 태희 씨, 휴가 계획 세웠어요?

태희: 네, 한국에 ________________.

직장 동료: 부러워요! 한국에서 뭘 할 거예요?

태희: 한복을 ________________.

직장 동료: 참, 축구는 안 볼 거예요?

태희: ________________.

問題〈2〉 問題1の音声を聞いて、設問にふさわしい答えを韓国語で書きましょう。

태희 씨는 한국에서 무엇을 할 예정입니까?

____

____

第 9 課 일본에 간 적이 있어요?

Can do 自身の経験を伝えることができる。

基本会話 055

A: 지현 씨, ①입사한 후에 일본에 간 적이 있어요?

B: 아니요, ①입사하기 전에는 여러 번 간 적이 있지만 ②회사원이 된 후에는…….

A: 저도 그래요. 또 일본에 놀러 가고 싶어요.

演 習 基本会話の下線部を変えて、隣の人と韓国語で話しましょう。

①	②
대학교에 입학하다	대학생
결혼하다	주부
가게를 시작하다	가게 사장

056

□ 입사（入社）　□ 여러 번（何回か）

文法と練習 문법 사항

057

補足単語 보충 단어

- 귀엽다（かわいい）
- 맥주（ビール）
- 전주（全州：都市名）
- 올해（今年）
- 올라가다（登っていく）
- 소설（小説）
- 간장게장（渡りガニの醤油漬け）
- 취직하다（就職する）

● Ⅱ型 -ㄴ（動詞の過去連体形）

動詞の過去連体形は Ⅱ型 -ㄴ を用います。

이번에 입사한 배지현 씨예요.
（今度入社したペジヒョンさんです。）

練習 1 例にならって連体形にしましょう。

例 보다（見る）/ 영화（映画） → 본 영화

(1) 읽다（読む）/ 책（本） → ＿＿＿＿＿＿＿＿

(2) 찍다（撮る）/ 사진（写真） → ＿＿＿＿＿＿＿＿

(3) 배우다（習う）/ 단어（単語） → ＿＿＿＿＿＿＿＿

(4) 부르다（歌う）/ 노래（歌） → ＿＿＿＿＿＿＿＿

(5) 만들다（作る）/ 빵（パン） → ＿＿＿＿＿＿＿＿

練習 2 (　　)の語を用いて会話を完成させましょう。

(1) A： 오늘 점심에 무엇을 먹고 싶어요? (먹다)

B： 어제 ________________ 비빔밥을 또 먹고 싶어요.

(2) A： 영화 어땠어요? (보다)

B： 어제 ________________ 영화는 아주 재미있었어요.

(3) A： 이 케이크 미카 씨가 만들었어요? (만들다)

B： 아뇨, 이것은 제가 ________________ 케이크가 아니에요.

(4) A： 이 그림 누가 그렸어요? 너무 귀여워요. (그리다)

B： 정말요? 고마워요. 제가 ________________ 그림이에요.

● Ⅱ型 -ㄴ 적이 있다 / 없다

「日本に行ったことがあります」のように経験を表す「～したことがある / ない」は Ⅱ型 **-ㄴ 적이 있다 / 없다**を用います。

일본에 간 적이 있어요?

(日本に行ったことがありますか。)

練習 3 例にならって Ⅱ型 **-ㄴ 적이 있어요**の文にしましょう。

例 그 사람을 만나다 → 그 사람을 만난 적이 있어요.

(1) 한국 음식을 먹다 → ________________________________

(2) 후지산에 올라가다 → ________________________________

(3) 맥주를 마시다 → ＿＿＿＿＿＿＿＿＿＿

(4) 한국 소설을 읽다 → ＿＿＿＿＿＿＿＿＿＿

(5) 서울에 살다 → ＿＿＿＿＿＿＿＿＿＿

● Ⅰ型 -기 전에と Ⅱ型 -ㄴ 후에

「入社する前に」のように「～する前に」は Ⅰ型 **-기 전에**を、「会社員になった後に」のように「～した後に」は Ⅱ型 **-ㄴ 후에**を用います。**후**（後）のかわりに**뒤**や**다음**も置き換え可能です。

입사하기 전에는 여러 번 간 적이 있지만 회사원이 된 후에는…….
（入社する前には何回か行ったことがあるけれど会社員になった後には…。）

練習 4 （　　）の語を用いて文を完成させましょう。

(1) A: 앞으로 뭘 할 예정이에요? (졸업하다, Ⅱ型 -ㄴ 후에)

B: ＿＿＿＿＿＿ ＿＿＿＿＿＿ 미국에 공부하러 가려고요.

(2) A: 한국에서 무엇을 했어요? (먹다, Ⅱ型 -ㄴ 후에)

B: 전주에서 간장게장을 ＿＿＿＿＿＿ ＿＿＿＿＿＿ 부산에 갔어요.

(3) A: 다음 달에 일본에 갈 예정이에요. (오시다, Ⅰ型 -기 전에)

B: 그럼 ＿＿＿＿＿＿ ＿＿＿＿＿＿ 꼭 전화 주세요.

(4) A: 올해 계획은 무엇이에요? (취직하다, Ⅰ型 -기 전에)

B: ＿＿＿＿＿＿ ＿＿＿＿＿＿ 여행을 가는 것이에요.

応用活動 응용활동

🔊 058

補足単語 보충 단어

- 새 - (新しい〜)
- 이사하다 (引越しする)
- 그 밖에 (その他に)
- 다른 방법 (他の方法)
- 식물을 키우다 (植物を育てる)
- 일본인 (日本人)
- 중국인 (中国人)
- 유학생 (留学生)

말하기 会 話

演習 1 会話文を訳して、読む練習をしましょう。 🔊 059

환자 : 새 아파트로 이사한 후 머리가 아파요.

의사 : 이사하기 전에는 아픈 적이 없었어요?

환자 : 네, 아픈 적이 없었어요.

의사 : 새 아파트는 자주 창문을 여는 것이 좋아요.

환자 : 그 밖에 다른 방법도 있어요?

의사 : 식물을 키우는 것도 좋아요.

쓰기 書き取り

演習 2 条件に合うように文を作って話してみましょう。

(1) 自身の特別な経験（Ⅱ型 -ㄴ 적이 있다 / 없다を用いる）

---

(2) 自身の習慣（Ⅱ型 -ㄴ 후(뒤)에　あるいは　Ⅰ型 -기 전에を用いる）

演習〈3〉 日本語訳 演習１の日本語訳です。音声を聞きながら練習します。
日本語訳から韓国語で言えて、書けるようにすることを目指します。

患者： 新しいマンションへ引越しした後、頭が痛いです。

医者： 引越しする前には、痛かったことありませんでしたか。

患者： はい。痛かったことありませんでした。

医者： 新しいマンションはよく窓を開けるのが良いです。

患者： それ以外に、他の方法もありますか。

医者： 植物を育てるのも良いです。

듣기 聞き取り

問題〈1〉 音声を聞いて、下線部の語句を韓国語で書きましょう。 060

중국인 유학생 : 오늘 저녁에는 갈비탕을 먹을 생각이에요.

일본인 유학생 : 아! 갈비탕이요? 한국에 ____________ 신오쿠보에서 한번 ______________________________.

중국인 유학생 : 그럼, 나오 씨는 아직 한국에서 ____________ ____________? 오늘 같이 먹으러 가요.

일본인 유학생 : 네, 좋아요.

問題〈2〉 問題１の音声を聞いて、設問にふさわしい答えを韓国語で書きましょう。

(1) 나오 씨는 어디에서 갈비탕을 먹은 적이 있습니까?

____

(2) 두 사람은 오늘 무엇을 먹습니까?

____

第10課 가볍고 좋은 그릇 있어요?

Can do 許可を求めることができる。

基本会話 061

A：가볍고 ①좋은 ②그릇 있어요?

B：이거 어떠세요? 한번 들어 보세요.

A：가볍네요! 다른 것도 봐도 돼요?

演習 基本会話の下線部を変えて、隣の人と韓国語で話しましょう。

①	②
길다	젓가락 (はし)
크다	접시 (皿)
싸다	숟가락 (スプーン)

062

□가볍다 (軽い)　　□그릇 (器)

文法と練習 문법 사항

063

補足単語 보충 단어

□ 키가 작다 (背が低い)
□ 노트북 (ノートパソコン)
□ 넥타이를 매다 (ネクタイをする)
□ 반찬 (おかず)
□ 눈을 뜨다 (目をあける)
□ 화면 (画面)
□ 식혜 (甘酒の一種)
□ 생각하다 (考える)
□ 남기다 (残す)
□ 끄다 (消す)

● Ⅱ型 -ㄴ (形容詞、指定詞の現在連体形)

形容詞の現在連体形は Ⅱ型 -ㄴ を用います。

가볍고 좋은 그릇 있어요?
(軽くて良い器ありますか。)

また、指定詞の現在連体形は**이다**に Ⅱ型 -ㄴ を続けて、**인**という形になります。

가수인 동생 (歌手の(である)弟)

練習 1 例にならって連体形にしましょう。

例 좋다 (良い) / 상품 (商品) → 좋은 상품

(1) 바쁘다 (忙しい) / 하루 (一日) → ＿＿＿＿＿＿

(2) 젊다 (若い) / 사람 (人) → ＿＿＿＿＿＿

(3) 멀다 (遠い) / 길 (道) → ＿＿＿＿＿＿

(4) 춥다 (寒い) / 겨울 (冬) → ＿＿＿＿＿＿

(5) 중요하다 (重要だ) / 문제 (問題) → ＿＿＿＿＿＿

(6) **공무원이시다** (公務員でいらっしゃる) / **아버지** (父)

→ ______________________

練習 2 ( )の語を用いて会話を完成させましょう。

(1) A: 누가 야마다 씨예요? (길다)

B: 머리가 ______________ 사람이 야마다 씨예요.

(2) A: 여름과 겨울, 어느 쪽이 좋아요? (덥다)

B: 추운 겨울보다 ______________ 여름이 좋아요.

(3) A: 저 남자가 사카모토 씨예요? (작다)

B: 아뇨, 사카모토 씨는 키가 ______________ 남자예요.

(4) A: 뭘 찾으세요? (크다)

B: 화면이 ______________ 노트북을 찾고 있어요.

(5) A: 저 분은 누구세요? (선생님이시다)

B: 일본어 ______________ 사이토 미치코 씨입니다.

● Ⅲ型 보다

「～してみる」という試みを表す場合には Ⅲ型 **보다** を用います。

한번 들어 보세요.
(一度持ってみてください。)

練習 3 例にならって、Ⅲ型 **보세요**を用いた文を作りましょう。

例 식혜를 마시다 → 식혜를 마셔 보세요.

(1) 이 넥타이를 매다 → ________________

(2) 다시 한번 생각하다 → ________________

(3) 이 반찬을 드시다 → ________________

(4) 한글로 이름을 쓰다 → ________________

●Ⅲ型 -도 되다

「〜しても良い」という許可を表す場合にはⅢ型 **-도 되다**を用います。

만져 봐도 돼요?

(触ってみても良いですか。)

練習 4 例にならって、Ⅲ型 **-도 돼요**を用いた文を作りましょう。

例 담배를 피우다 → 담배를 피워도 돼요?

(1) 밥을 남기다 → ________________

(2) 눈을 뜨다 → ________________

(3) 라디오를 끄다 → ________________

(4) 제가 하다 → ________________

応用活動 응용활동

064

補足単語 보충 단어

- □ 관광 가이드 (観光ガイド)
- □ 여행객 (旅行客)
- □ 자동차 (自動車)
- □ 남자 친구 (男友達、彼氏)
- □ 최초 (最初)
- □ 건물 (建物)
- □ 여자 친구 (女友達、彼女)
- □ 상자 (箱)

말하기 会話

演習 1 会話文を訳して、読む練習をしましょう。 065

관광 가이드 : 이 미술관은 한국 최초의 미술관입니다.

여행객 : 정말 멋있는 건물이네요.

관광 가이드 : 안으로 들어가 보세요.

여행객 : 들어가도 돼요?

관광 가이드 : 네, 안에서 사진도 찍을 수 있습니다.

여행객 : 감사합니다.

쓰기 書き取り

演習 2 例にならって Ⅲ型 -도 되다と Ⅲ型 보다を用い会話文を作りましょう。

例 남자 친구 : 이 상자 열어 봐도 돼요?

여자 친구 : 네, 열어 봐요.

__________ : ____________________________?

__________ : ____________________________

演習〈3〉 日本語訳 演習１の日本語訳です。音声を聞きながら練習します。
日本語訳から韓国語で言えて、書けるようにすることを目指します。

観光ガイド：　この美術館は韓国最初の美術館です。
旅　行　客：　本当に素敵な建物ですね。
観光ガイド：　中へ入ってみてください。
旅　行　客：　入ってもいいですか。
観光ガイド：　はい、中で写真も撮ることができます。
旅　行　客：　ありがとうございます。

듣기 聞き取り

問題〈1〉 音声を聞いて、下線部の語句を韓国語で書きましょう。 066

점원 : 어서 오십시오. 자동차 바꾸시려고요?

손님 : 네, 지금보다 더 ______________________.

점원 : 요즘 이 차가 인기 있어요.

손님 : 멋있네요! 한번 ______________?

점원 : 물론이죠, ______________.

問題〈2〉 問題１の音声を聞いて、設問にふさわしい答えを韓国語で書きましょう。

(1) 손님은 어떤 자동차를 사려고 합니까?

____

(2) 점원은 손님에게 어떤 자동차를 보여 줬습니까?

____

第11課 얼굴도 부은 것 같아요.

Can do 感じたことや考えを推測した形式で伝えることができる。

基本会話 067

A：①어제 먹은 피자 때문에 ②배탈이 난 것 같아요.

B：괜찮아요? 얼굴도 부은 것 같아요.

A：아무래도 병원에 가 봐야 할 것 같아요.

演習 基本会話の下線部を変えて、隣の人と韓国語で話しましょう。

①	②
어제 마신 술	속이 안 좋다
에어컨	감기에 걸리다
충치	이가 아프다

068

- 피자（ピザ）
- 붓다（むくむ）
- 충치（虫歯）
- 배탈이 나다（お腹を壊す）
- 아무래도（どうやら）
- 속이 안 좋다（お腹の調子が悪い）

069

補足単語 보충 단어

- 아무도（誰も）
- 사무실（事務室）
- 불이 켜지다（明かりがつく）
- 은반지（シルバーリング）
- 금반지（ゴールドリング）

●ㅅ変格用言

語幹末のパッチムがㅅの用言の中には、Ⅱ型とⅢ型でパッチムㅅを取るものがあります。これをㅅ変格用言といいます。

		Ⅰ型	Ⅱ型	Ⅲ型
ㅅ変格	낫다（治る、より良い、ましだ）	낫-	나으-	나아-
	짓다（建てる、（名前を）つける、（薬を）調合する）	짓-	지으-	지어-

		Ⅰ型	Ⅱ型	Ⅲ型
正　格	씻다（洗う）	씻-	씻으-	씻어-
	웃다（笑う）	웃-	웃으-	웃어-

練習 1 例にならってそれぞれの形にしましょう。（※は正格用言）

	I型 -고	II型 -면	III型 -요
짓다（建てる、（名前を）つける、（薬を）調合する）	짓고	지으면	지어요
젓다（かき混ぜる）			
붓다（注ぐ、腫れる，むくむ）			
긋다（線を引く）			
낫다（治る、より良い、ましだ）			
씻다（洗う）※	씻고	씻으면	씻어요
웃다（笑う）※			
벗다（脱ぐ）※			

練習 2 （　　）の語を用いて文を完成させましょう。

(1) 食べる前に手を洗ってください。

먹기 전에 손을 ＿＿＿＿＿세요.（씻다）

(2) 山田さんの名前は誰がつけてくれましたか。

야마다 씨 이름은 누가 ＿＿＿＿＿ 줬어요?（짓다）

(3) 足がむくんで靴が合いません。

발이 ＿＿＿＿＿서 신발이 안 맞아요.（붓다）

(4) 線を引いてください。

선을 ＿＿＿＿＿ 세요. (긋다)

●連体形 -것 같다

連体形 **-것 같다**で推測を表します。Ⅱ型 **-ㄹ 것 같다**、Ⅰ型 **-는 것 같다**、Ⅱ型 **-ㄴ 것 같다**という形があります。

얼굴도 부은 것 같아요.
(顔もむくんでいるようです。)

POINT

Ⅱ型 **-ㄹ 것 같다**、Ⅰ型 **-는 것 같다**、Ⅱ型 **-ㄴ 것 같다**の比較

動詞の場合

비가 올 것 같아요.
(空を見上げて) 雨が降りそうです。

비가 오는 것 같아요.
(雨音を聞いて) 雨が降っているみたいです。

비가 온 것 같아요.
(濡れた地面を見て) 雨が降ったようです。

形容詞の場合

이 옷은 저한테 클 것 같아요.
(服を見て) この服は私には大きそうです。

이 옷은 저한테 큰 것 같아요.
(試着をして) この服は私には大きいみたいです。

練習 3 (　　)の語を未来の推量にし、会話文を完成させましょう。

(1) A： 내일 날씨가 어때요? (오다)

B： 내일은 비가 ＿＿＿＿＿＿＿＿ 것 같아요.

(2) A： 미안해요. 약속 시간에 ＿＿＿＿＿＿＿＿ 것 같아요 (늦다)

B： 네, 알겠습니다.

(3) A： 몇 시에 회의가 끝나요? (끝나다)

B： 8 시에는 ＿＿＿＿＿＿＿＿ 것 같아요.

(4) A： 이 은반지 어때요? (낫다)

B： 은반지보다 금반지가 더 ＿＿＿＿＿＿ 것 같아요.

練習 4 (　　)の語を現在の推量にし、会話文を完成させましょう。

(1) A： 교실에는 누가 있어요? (없다)

B： 지금은 아무도 ＿＿＿＿＿＿＿＿ 것 같아요.

(2) A： 여기서 서울까지는 가까워요? (멀다)

B： 아뇨, 서울까지는 조금 ＿＿＿＿＿＿＿＿ 것 같아요.

(3) A： 미카 씨는 어디에 살아요? (살다)

B： 미카 씨는 아마 학교 근처에 ＿＿＿＿＿＿＿＿ 것 같아요.

(4) A: 저 분은 누구세요? (사장님이시다)

B: 이 회사 ________________ 것 같아요.

練習 5 (　　)の語を過去の推量にし、会話文を完成させましょう。

(1) A: 날씨가 좀 춥네요. (눈이 내리다)

B: 어젯밤에 ________________ 것 같아요.

(2) A: 야마다 씨는 왜 안 와요? (사고가 나다)

B: ________________ 것 같아요.

(3) A: 이거 정말 맛있네요. 누가 만들었어요? (만들다)

B: 미카 씨가 ________________ 것 같아요.

(4) A: 사무실에 불이 켜져 있어요. (퇴근 안 하시다)

B: 사장님께서 아직 ________________ 것 같아요.

応用活動 응용활동

🔊 070

補足単語 보충 단어

- □ 요리 교실（料理教室）
- □ 수강생（受講生）
- □ 물론이죠（もちろんです）
- □ 덕분에（おかげで）
- □ 동물（動物）
- □ 김치전（キムチチヂミ）
- □ 양파（玉ねぎ）
- □ 정도（程度）
- □ 잘되다（うまくいく）
- □ 전하다（伝える）

말하기 会話

演習〈1〉会話文を訳して、読む練習をしましょう。 🔊 071

요리 교실 선생님 : 오늘은 김치전을 만들 거예요.

수강생 : 선생님, 김치전에 양파 넣어도 돼요?

요리 교실 선생님 : 네, 물론이죠.

수강생 : 물은 얼마나 넣으면 돼요?

요리 교실 선생님 : 200ml 정도 부으면 돼요.

수강생 : 선생님 덕분에 김치전이 잘된 것 같아요.

쓰기 書き取り

演習〈2〉条件に合わせて文を作りましょう。（文末は非格式体）

(1) Ⅱ型 -ㄴ 것 같다（過去）＿＿＿＿＿＿＿＿

(2) Ⅰ型 -는 것 같다（現在）＿＿＿＿＿＿＿＿

(3) Ⅱ型 -ㄹ 것 같다（未来）＿＿＿＿＿＿＿＿

演習〈3〉 日本語訳 演習1の日本語訳です。音声を聞きながら練習します。
日本語訳から韓国語で言えて、書けるようにすることを目指します。

料理教室の先生：今日はキムチチヂミを作ります。

受講生：先生、キムチチヂミに玉ねぎ入れてもいいですか。

料理教室の先生：はい、勿論ですよ。

受講生：水はどのくらい入れればいいですか。

料理教室の先生：200ml 程度注げば良いです。

受講生：先生のおかげで、キムチチヂミがうまくできたようです。

듣기 聞き取り

072

問題〈1〉 音声を聞いて、下線部の語句を韓国語で書きましょう。

동물 병원 간호사: 고양이 너무 예뻐요! 이름이 뭐예요?

유진: ＿＿＿＿＿＿. 저희 아버지께서 ＿＿＿＿＿＿.

동물 병원 간호사: 고양이와 이름이 잘 ＿＿＿＿＿＿.

유진: 감사합니다. 저희 ＿＿＿＿＿＿께 전할게요.

問題〈2〉 問題1の音声を聞いて、設問にふさわしい答えを韓国語で書きましょう。

(1) 고양이 이름은 무엇입니까?

＿＿＿＿＿＿＿＿＿＿＿＿＿＿＿＿

(2) 아버지께서는 무엇을 하셨습니까?

＿＿＿＿＿＿＿＿＿＿＿＿＿＿＿＿

第12課 음악이라도 들으면서 해 보세요.

Can do　I型 -는데、II型 -ㄴ데を理解し、同時進行の表現を用いることができる。

基本会話　073

A：①아침마다 운동을 하는데 너무 힘들어요.

B：모처럼 시작했는데 ②음악이라도 들으면서 해 보세요.

A：네, 그렇게 해 볼게요.

演習　基本会話の下線部を変えて、隣の人と韓国語で話しましょう。

①	②
아르바이트	사고 싶은 물건을 생각하다
영어 공부	좋아하는 과자라도 먹다
다이어트	변한 나의 모습을 상상하다

074

- 아침마다（毎朝）
- 변하다（変わる）
- 상상하다（想像する）
- 모처럼（せっかく）
- 모습（姿）
- 영어（英語）

文法と練習 문법 사항

075

補足単語 보충 단어

- □ 맞다（合っている）
- □ 타고 가다（乗って行く）
- □ 짜다（塩辛い）
- □ -만（～ばかり）
- □ 돈을 모으다（お金を貯める）
- □ 싱겁다（(味が）うすい）
- □ 생활（生活）

● Ⅰ型 -는데（요）、Ⅱ型 -ㄴ데（요）、Ⅲ型 -ㅆ는데（요）

出来事の前提、逆接、理由を表す場合、Ⅰ型 **-는데**やⅡ型 **-ㄴ데**が用いられます。動詞・存在詞にはⅠ型 **-는데**、形容詞・指定詞にはⅡ型 **-ㄴ데**を用います。

前提、逆接、理由の意味機能を例文で見てみましょう。

운동을 하는데 너무 힘들어요.

（運動をしているんだけど、とても大変です。）※前提の意味

여행을 가고 싶은데 돈이 없어요.（Ⅰ型 -고 싶다は補助形容詞）

（旅行に行きたいんだけどお金がありません。）※逆接の意味

POINT

後続する文が勧誘文や命令文の場合は理由を表します。

비 오는데 우산을 가져 가세요. ※理由の意味

（雨が降っているので傘を持って行ってください。）

指定詞**이다**（～だ）の場合**-인데**になりますが、名詞の語末にパッチムがない場合は**이**が省略されて**-ㄴ데**という形になる場合があります。

이거 한국어 책인데 재미있어요.

（これは韓国語の本なんですが、面白いです。）

언니는 교사인데 / 교산데 일이 아주 바빠요.

（姉は教師なんですが、仕事がとても忙しいです。）

過去の場合は、品詞を問わず Ⅲ型 **-ㅆ는데**という形になります。

모처럼 시작했는데 음악이라도 들으면서 해 보세요.
(せっかく始めたんだから音楽でも聞きながらしてみてください。)

젊었을 때는 날씬했는데 지금은 그렇지도 않아요.
(若いころはスマートだったのに今はそうでもありません。)

POINT

文末表現では Ⅰ型 **-는데요**、Ⅱ型 **-ㄴ데요**の形で用いられることがあります。
聞き手と相反する意見、または自分の意見を遠回しに説明するような場面で用います。

맛있는 것도 먹고 싶은데요.
(おいしいものも食べたいんですが。)

練習 1 **(　　)の語を用いて日本語を韓国語にしましょう。**(文末は非格式体)

(1) 顔は知っているけれど名前はわかりません。(알다, 모르겠다)

(2) あのドラマ面白いのになぜ見ないのですか。(그, 재미있다, 왜)

(3) セールしているからもう１つ買ってください。(세일하다, 하나 더)

(4) 韓国語を学んでいるんですけど思ったより難しいですね。
(배우고 있다, 생각보다 어렵다)

練習 2 (　　)の語を用いて日本語を韓国語にしましょう。(文末は非格式体)

(1) たいくつだから散歩でも行きましょうか。(심심하다, 산책이라도 가다)

(2) 寒いのになぜエアコンを消さないのですか。(에어컨, 끄다)

(3) 韓国に遊びに行くつもりですが一緒に行きましょう。(놀러 가다, 생각)

練習 3 日本語を韓国語にしましょう。(文末は非格式体)

(1) キム先生に会いに来たんですが、いらっしゃいますか。

(2) 韓国語を2年習ったけれどまだ韓国に行ったことがありません。

(3) だいぶ遅くなったのでタクシーに乗って行きましょうか。

(4) 愛していたけど別れました。

練習 4 (　　)の語に Ⅰ型 -는데요 / Ⅱ型 -ㄴ데요 を用いて会話を完成させましょう。

(1) A : 한국 분이세요?

B : 네, ______________________. (한국 사람)

B : 아뇨, 저는 ______________________. (일본 사람)

(2) A : 여보세요? 김 사장님 계시면 바꿔 주세요.

B : 네, ______________________. (저)

B : 죄송합니다. 지금 ______________________. (안 계시다)

(3) A : 이거 좀 싱겁지 않아요?

B : 네, 좀 ______________________. (싱겁다)

B : 아뇨, 저는 좀 ______________________. (짜다)

(4) A : 여기까지 지하철로 왔죠?

B : 네, ______________________. (오다)

B : 아뇨, ______________________. (버스로 오다)

● Ⅱ型 -면서

「音楽でも聞きながら」の「聞きながら」のように動作や状態が並行して行われることを表す場合は Ⅱ型 **-면서** を用います。

음악이라도 들으면서 해 보세요.
（音楽でも聞きながらしてみてください。）

練習 5 （　　）の語に Ⅱ型 **-면서** を用いて会話を完成させましょう。

(1) A： 일본어 듣기 연습은 어떻게 하세요? (듣다)

B： 노래를 ______________ 연습을 해요.

(2) A： 대학 생활은 어땠어요? (하다)

B： 아르바이트를 ______________ 공부만 했어요.

(3) A： 내년에는 무엇을 할 계획이에요? (일하다)

B： ______________ 모은 돈으로 여행을 갈 생각이에요.

(4) A： 영어를 아주 잘하시네요. (살다)

B： 미국에 ______________ 배웠어요.

応用活動 응용활동

🔊 076

補足単語 보충 단어

- 시티투어버스（シティーツアーバス）
- 편하다（楽だ）
- 그만두다（やめる）
- 부모님（両親）

말하기 会 話

演習〈1〉会話文を訳して、読む練習をしましょう。 🔊 077

마야 : 한국말 정말 잘하세요.

하루 : 저 한국 사람인데요.

마야 : 그래요? 일본 사람이라고 생각했어요.

하루 : 부산에서 7살 때까지 살았어요.

마야 : 부산이요? 부산에 가 본 적 있는데 너무 좋았어요.

하루 : 부산은 시티투어버스를 타면서 관광하면 편하고 좋아요.

쓰기 書き取り

演習〈2〉Ⅱ型 **-면서** を用いて自分のことについて発表しましょう。

演習 3 日本語訳 演習１の日本語訳です。音声を聞きながら練習します。
日本語訳から韓国語で言えて、書けるようにすることを目指します。

マヤ： 韓国語本当にお上手です。

ハル： 私、韓国人ですけど。

マヤ： そうですか。日本人だと思いました。

ハル： 釜山で７歳まで暮らしました。

マヤ： 釜山ですか。釜山に行ったことあるけれどとても良かったです。

ハル： 釜山はシティーツアーバスに乗りながら観光すると楽で良いです。

듣기 聞き取り

問題 1 音声を聞いて、下線部の語句を韓国語で書きましょう。 078

회사 동료 A： 지은 씨한테 무슨 일 있었어요? ________ 나갔어요.

회사 동료 B： 저도 오늘 ________ 지은 씨 ________.

회사 동료 A： 진짜요?

회사 동료 B： 부장님한테서 들었어요.

회사 동료 A： 왜 ________________?

회사 동료 B： 부모님과 같이 ________ 두 분 다 아프신 것 같아요.

問題 2 問題１の音声を聞いて、設問にふさわしい答えを韓国語で書きましょう。

(1) 지은 씨는 언제 회사를 그만둡니까?

____

(2) 지은 씨는 누구와 같이 삽니까?

____

第13課 밥 더 먹으면 안 돼요?

Can do 聞き手へ禁止や許可の有無を伝えることができる。

基本会話 079

A：우와, ①밥이 너무 맛있어요.

①밥 더 먹으면 안 돼요?

B：아이고, ②밥을 지어야 돼요.

조금만 기다리세요.

A：네, 알겠어요. 서두르지 말고 천천히 하세요.

演習 基本会話の下線部を変えて、隣の人と韓国語で話しましょう。

①	②
라면	라면을 끓이다（ラーメンをつくる）
만두	만두를 찌다（餃子を蒸す）
생선	생선을 굽다（魚を焼く）

080

- 우와（うわぁ）
- 아이고（あらら）
- 조금만（少しだけ）
- 서두르다（急ぐ）

文法と練習 문법 사항

081

補足単語 보충 단어

- □ 만지다（触る）
- □ 잊다（忘れる）
- □ 졸다（居眠りする）
- □ 태풍이 오다（台風が来る）
- □ 갑자기（急に）
- □ 열이 나다（熱が出る）
- □ 빈자리（空席）
- □ 제출하다（提出する）
- □ 쓰레기를 버리다（ごみを捨てる）

● Ⅰ型 -지 말다

「急がないで」のような「～するな」という禁止の命令を表す場合は Ⅰ型 **-지 말다**を用います。文中では Ⅰ型 **-지 말고**（～しないで）の形で用いられます。

서두르지 말고 천천히 하세요.
（急がないでゆっくりやってください。）

文末表現では Ⅰ型 **-지 마십시오 / 마세요**（～しないでください）という形になります。

거기 가지 마십시오. / 마세요.
（そこに行かないでください。）

POINT

「～しないで」と言う場合に、後ろに命令文や勧誘文が来る場合は Ⅰ型 **-지 말고**を、そうでない場合は Ⅰ型 **-지 않고**を用います。

밥만 먹지 말고 반찬도 좀 드세요.
（ご飯だけ食べないでおかずも少し召しあがってください。）

오늘은 밥만 먹지 않고 반찬도 먹고 있어요.
（今日はご飯だけ食べないでおかずも食べています。）

練習 1 例にならって I型 **-지 마세요**を用いた文にしましょう。

例 여기에 들어가다 → 여기에 들어가지 마세요.

(1) 뜨거우니까 만지다 → ____________________

(2) 내일 약속을 잊다 → ____________________

(3) 수업 시간에 졸다 → ____________________

(4) 태풍이 오니까 나가다 → ____________________

練習 2 (　　)の語を用いて日本語を韓国語にしましょう。(文末は非格式体)

(1) ショートメッセージを送らないで電話してください。(문자를 보내다, 전화하다)

→ ____________________

(2) 授業時間に騒がないで静かにしてください。(떠들다, 조용히 하다)

→ ____________________

(3) エアコンをつけないで服を脱いでください。(켜다, 옷을 벗다)

→ ____________________

(4) 怒らないで笑ってください。(화내다, 웃다)

→ ____________________

●Ⅱ型 -면 안 되다とⅡ型 -면 되다

Ⅱ型 -면 안 되다

「もっとご飯食べたらだめですか」のように「～してはいけない」はⅡ型 **-면 안 되다**を用います。

밥 더 먹으면 안 돼요?

（ご飯もっと食べたらだめですか。）

Ⅱ型 -면 되다

「どこで食べたら良いですか」のように「～したら良い」はⅡ型 **-면 되다**を用います。

어디서 먹으면 돼요?

（どこで食べたら良いですか。）

練習 3 Ⅱ型 **-면 되다**かⅡ型 **-면 안 되다**を用いて会話文を完成させましょう。

（文末は非格式体）

(1) A：부산까지는 어떻게 가요? (타다)

B：서울역에서 KTX를 ＿＿＿＿ ＿＿＿＿.

(2) A：감기 때문에 열이 났어요. (차가운 것 마시다)

B：그럼, ＿＿＿＿ ＿＿ ＿＿＿＿ ＿＿ ＿＿＿＿.

(3) A：여기서 담배를 피워도 돼요? (피우다)

B：죄송합니다만, 여기서 ＿＿＿＿ ＿＿＿ ＿＿＿＿.

(4) A：어디에 앉을까요? (앉다)

B：빈자리에 ＿＿＿＿ ＿＿＿＿.

●Ⅲ型 -야 되다

「ご飯炊かなければなりません」のように義務を表す場合は、Ⅲ型 **-야 되다**が用いられます。

밥을 지어야 돼요.
(ご飯炊かなければなりません。)

POINT

以前習ったⅢ型 **-야 하다**は、Ⅲ型 **-야 되다**と置き換え可能な場合が多いですが、自分の意志とは関わらず規則などによって「～しなければならない」場合はⅢ型 **-야 되다**を用います。

練習 4 Ⅲ型 **-야 되다**を用いて文を完成させましょう。（文末は非格式体）

(1) A：쓰레기는 어디에 ＿＿＿＿＿＿ ＿＿＿＿＿？(버리다)

B：쓰레기는 여기에 버리면 돼요.

(2) A：이름을 어디에 ＿＿＿＿＿ ＿＿＿＿＿？(쓰다)

B：여기에 쓰세요.

(3) A：여기에 주차하면 돼요?

B：아뇨, 저기에 ＿＿＿＿＿＿ ＿＿＿＿＿.(주차하다)

(4) A：언제까지 ＿＿＿＿＿＿ ＿＿＿＿＿？(제출하다)

B：이번 주까지 제출하세요.

알아 봅시다! 調べてみましょう！

⑴～⑸는 한국의 매너를 설명한 글이에요.
⑴～⑸は韓国のマナーを説明した文です。

다음을 읽고 맞으면 ○, 틀리면 ×를 쓰세요.
内容を読んで、合っていれば○、間違っていれば×を書いてください。

⑴ 인사를 할 때 윗사람이 아랫사람에게 먼저 인사하는 것이 관례이다. (　　)

⑵ 악수를 할 때는 존경을 표하는 의미로 왼손을 오른손으로 받쳐 줘야 한다. (　　)

⑶ 밥을 떠먹을 경우, 반드시 가운데부터 뜨도록 한다. (　　)

⑷ 윗사람 앞에서 술을 마실 때 반드시 고개를 돌리고 마시는 것이 예의이다. (　　)

⑸ 물건을 주고받을 때는 반드시 두 손을 사용합니다. (　　)

日本語訳

⑴ 挨拶するとき目上の人が目下の人に、先に挨拶することが慣例だ。

⑵ 握手をするときは、尊敬をあらわす意味として左手を右手で（支える）添えなければならない。

⑶ ご飯をすくって食べる場合、必ず真ん中からすくうようにする。

⑷ 目上の人の前でお酒を飲むとき、必ず（首をまわして）顔を横に向けて飲むことが礼儀だ。

⑸ 物をあげたりもらったりするときは、必ず両手を使わなければならない。

応用活動 응용활동

082

補足単語 보충 단어

- □ 동물원 (動物園)
- □ 관광객 (観光客)
- □ 놀라다 (驚く)
- □ 풀 (草)
- □ 승객 (乗客)
- □ 음식물 (食べもの)
- □ KTX (韓国の高速鉄道)

말하기 会話

演習 1 会話文を訳して、読む練習をしましょう。 083

동물원 직원: 사진 찍으시면 안 돼요. 찍지 마세요.

관광객: 사진 찍으면 안 돼요?

동물원 직원: 네. 사진 찍으면 동물들이 놀라요.

관광객: 아, 죄송해요. 그럼 풀은 줘도 돼요?

동물원 직원: 안돼요. 눈으로만 봐야 돼요.

쓰기 書き取り

演習 2 Ⅱ型 **-면 안 되다**を用いて例のように会話文を作ってみましょう。

例 버스 기사님: 버스 안에서 음식물 드시면 안 돼요.

승객: 물도 안 돼요?

______ : ______

______ : ______

演習〈3〉 日本語訳 演習1の日本語訳です。音声を聞きながら練習します。
日本語訳から韓国語で言えて、書けるようにすることを目指します。

動物園職員： 写真を撮られてはだめです。撮らないでください。

観光客： 写真撮ったらだめですか。

動物園職員： はい。写真を撮ると動物たちが驚きます。

観光客： あっ、すみません。では草をあげてもいいですか。

動物園職員： だめです。見るだけにしなければなりません。

듣기 聞き取り

問題〈1〉 音声を聞いて、下線部の語句を韓国語で書きましょう。 084

관광객 : 부산에 ________________ 여기서 어떻게 가요?

호텔 직원 : 서울역에서 ________________.

관광객 : 버스 타________________?

호텔 직원 : 버스 타시면 시간이 더 걸려요.

관광객 : 아, 정말요?

호텔 직원 : 네, 그러니까 버스 ________________ 타세요.

問題〈2〉 問題1の音声を聞いて、設問にふさわしい答えを韓国語で書きましょう。

(1) 무엇을 타고 부산에 갑니까?

____

(2) 왜 버스를 타면 안 됩니까?

____

第14課 친구들이 선배님 노래 듣고 기뻐했어요.

Can do 自身の願望を伝えることができる。

基本会話 085

후배 : 선배님, ①‘하늘이 푸르러요’ ②불러 주세요.

선배 : 아, 저번에 ③부른 노래?

후배 : 네, 친구들이 선배님 ④노래 듣고 기뻐했어요.

선배 : 오늘도 기뻐했으면 좋겠어.

演習 基本会話の下線部を変えて、隣の人と韓国語で話しましょう。

①	②	③	④
종이 꽃	만들다	만든 종이 꽃	종이 꽃을 보다
귀여운 토끼	그리다	그린 그림	그림을 보다
토끼와 거북이	이야기 하다	말한 이야기	이야기를 듣다

086

- 하늘 (空)
- 종이 꽃 (折り紙（で作った）の花)
- 거북이 (カメ)
- 저번 (この間、この前＝지난번)
- 토끼 (ウサギ)

文法と練習 문법 사항

🔊 087

補足単語 보충 단어

- 괴롭다（苦しい）
- 부끄럽다（恥ずかしい）
- 이기다（勝つ）
- 장마（梅雨）
- 강아지（子犬）
- 시합（試合）
- 일본 팀（日本チーム）
- 끝나다（終わる）

●르変格用言

語幹末が르の用言の中には、Ⅲ型 で特殊な活用をするものがあります。これを르変格用言といいます。語幹末の르の前が陽母音の場合は르を取り **-ㄹ라**を、陰母音の場合は르を取り **-ㄹ러**をつけます。

		Ⅰ型	Ⅱ型	Ⅲ型
르変格	다르다（違う）	다르-	다르-	달라-
	부르다（歌う）	부르-	부르-	불러-

노래를 불러 주세요.

（歌を歌ってください。）

語幹末が르の一部には、으語幹（『わかる韓国語 初級』19 課参照）のものがあります。

		Ⅰ型	Ⅱ型	Ⅲ型
으語幹	따르다（従う）	따르-	따르-	따라-
	들르다（立ち寄る）	들르-	들르-	들러-

●러変格用言

이르다（到着する）、**누르다**（黄色い）、**푸르다**（青い）の３つのみ Ⅲ型 で語幹の後ろに**러**をつけます。

		Ⅰ型	Ⅱ型	Ⅲ型
러変格	푸르다（青い）	푸르	푸르	푸르러

練習 1 例にならってそれぞれの形にしましょう。（※으語幹）

	Ⅰ型 -고	Ⅱ型 -면	Ⅲ型 -요
모르다（知らない）	모르고	모르면	몰라요
다르다（違う、異なる）			
부르다（歌う、呼ぶ）			
자르다（切る）			
고르다（選ぶ）			
오르다（上がる）			
빠르다（速い）			
따르다（従う）※			
들르다（立ち寄る）※			
이르다（到着する） 러変			
누르다（黄色い） 러変			
푸르다（青い） 러変			

練習 2 (　　)の語を用いて日本語を韓国語にしましょう。(文末は非格式体)

(1) このボタンを押していただけますか。(버튼을 누르다, Ⅲ型 주시겠어요)

→ ____________________

(2) カラオケで韓国の歌を歌いました。(노래방, 부르다)

→ ____________________

(3) 髪を切りましたか。似合っていますね。(머리를 자르다, 어울리다)

→ ____________________

(4) 昨年より成績が上がりました。(작년보다, 성적이 오르다)

→ ____________________

●形容詞の Ⅲ型 -하다

形容詞の Ⅲ型 **-하다**で「～がる」という意味になります。

기쁘다（嬉しい）→ **기뻐하다**（嬉しがる、喜ぶ）
무섭다（怖い）→ **무서워하다**（怖がる）
슬프다（悲しい）→ **슬퍼하다**（悲しがる）

친구들이 선배님 노래 듣고 기뻐했어요.
（友達が先輩の歌聞いて喜んでいました。）

特によく用いられるのが Ⅰ型 **-고 싶다**に Ⅲ型 **-하다**を続けた Ⅰ型 **-고 싶어 하다**（～したがる）です。

친구들도 듣고 싶어 해요.
（友達も聞きたがっています。）

練習 3 Ⅲ型 **-하다を用いて文を完成させましょう。**（文末は非格式）

(1) 수민 씨는 남자 친구하고 헤어져서 ＿＿＿＿＿＿고 있어요.
(괴롭다)

(2) 동생은 강아지를 ＿＿＿＿＿＿. (귀엽다)

(3) ＿＿＿＿＿＿지 말고 이야기하세요. (부끄럽다)

(4) 남편은 해외 여행을 ＿＿＿＿ ＿＿＿＿ ＿＿＿＿.
(가고 싶다)

● Ⅲ型 -ㅆ으면 좋겠다

「早く慣れたいです」のように、話し手自身の希望をやんわりと表す場合には Ⅲ型 **-ㅆ으면 좋겠다**を用います。

빨리 익숙해졌으면 좋겠어요. (早く慣れたいです。)

また、話し手が他の人に対して何かを望んでいることを聞き手に伝える場合にも用います。

우리 딸이 의사가 됐으면 좋겠어요. (うちの娘が医者になってほしいです。)

練習 4 Ⅲ型 **-ㅆ으면 좋겠다を用いて韓国語にしましょう。**（文末は非格式体）

(1) 顔がもっとかわいくなりたいです。(예뻐지다)

＿＿＿＿＿＿＿＿＿＿＿＿＿＿＿＿

(2) 子供が言うことを聞いてほしいです。(말을 잘 듣다)

＿＿＿＿＿＿＿＿ ＿＿＿＿＿＿＿＿

(3) 病気が早く治ってほしいです。(낫다)

＿＿＿＿＿＿＿＿＿＿＿＿＿＿＿＿

(4) 人がたくさん集まってほしいです。(사람들, 모이다)

____

(5) 悩まないで早く選んでほしいです。(고민하다, 고르다)

____

練習 5 (　　)の語を用いて会話を完成させましょう。

(1) A: 내일 여행을 가죠? (좋다)

B: 네, 날씨가 ____________ 좋겠어요.

(2) A: 오늘은 축구 시합이 있네요. (이기다)

B: 네, 일본 팀이 ____________ 좋겠어요.

(3) A: 항상 돈이 없어요. (많다)

B: 저도요. 돈이 ____________ 좋겠어요.

(4) A: 아직도 비가 와요? (끝나다)

B: 네, 장마가 빨리 ____________ 좋겠어요.

🔊 088

補足単語 보충 단어

- 운전하다（運転する）
- 방향（方向）
- 친구들（友達）
- 무섭다（怖い）
- 익숙하다（慣れる）

말하기 会 話

演習〈1〉会話文を訳して、読む練習をしましょう。 🔊 089

선생님 : 한국에서 운전해 본 적 있어요?

유학생 : 무서워서 아직 해 본 적이 없어요.

선생님 : 일본하고 운전하는 방향이 달라서요?

유학생 : 네. 하지만 친구들은 운전해 보고 싶어 해요.

선생님 : 친구들은 안 무서워해요?

유학생 : 네. 저도 빨리 익숙해졌으면 좋겠어요.

쓰기 書き取り

演習〈2〉Ⅲ型 **-ㅆ으면 좋겠다**を用いて、自分の希望を書いてみましょう。

演習〈3〉 日本語訳 演習1の日本語訳です。音声を聞きながら練習します。
日本語訳から韓国語で言えて、書けるようにすることを目指します。

先　生:　韓国で運転してみたことありますか。

留学生:　怖くて、まだしてみたことがありません。

先　生:　日本と運転する方向が違うからですか。

留学生:　はい。しかし友達は運転してみたがっています。

先　生:　友達は怖がりませんか。

留学生:　はい。私も早く慣れたいです。

듣기 聞き取り

090

問題〈1〉 音声を聞いて、下線部の語句を韓国語で書きましょう。

희진 : 정수 씨, 저 ______________에 혼자 ______________에 가요.

정수 : 진짜요? 저도 가고 싶어요.

희진 : 그럼, 같이 가요. 지수 씨도 ______________?

정수 : 지수 씨, 남자 친구와 헤어져서 요즘 ______________.

희진 : ______________. 빨리 ______________.

問題〈2〉 問題1の音声を聞いて、設問にふさわしい答えを韓国語で書きましょう。

(1) 희진 씨는 언제 어디에 갑니까?

____

(2) 지수 씨는 요즘 어떻습니까?

____

第15課 오늘 어린이날이잖아요.

Can do 聞き手がすでに知っているであろうことを、確認することができる。

基本会話 091

A: ①백화점에 사람들이 많네요.

B: 오늘 ②어린이날이잖아요.

A: 어때요? 우리도 같이 놀러 갈까요?

演習 基本会話の下線部を変えて、隣の人と韓国語で話しましょう。

①	②
서울역	쉬는 날 (休みの日)
공원	일요일
거리	크리스마스 (クリスマス)

語彙 어휘 — 表現 표현 092

□ 어린이날 (こどもの日)　□ 거리 (通り)

093

□ 무슨 색（何色）

●口蓋音化

094

パッチム **ㄷ** の後ろに **이** が続いた場合、**ㄷ** は初声化して **디** ではなく、**지** の音になります。同様にパッチム **ㅌ** の後ろに **이** が続いた場合、**티** ではなく **치** の音になります。

例　해돋이 [해도지]（日の出）　　같이 [가치]（一緒に）

また、パッチム **ㄷ** の後に **히** が続く場合、激音化して **치** の音になります。

例　닫히다 [다치다]（閉まる）

●ㄴ の挿入

095

1） 合成語でパッチムの後ろに **야**、**여**、**요**、**유**、**이** が続く場合、**ㄴ** が挿入されて **냐**、**녀**、**뇨**、**뉴**、**니** になります。

부산역 → ×[부사녁]　○[부산녁]（プサン駅）

2） さらに、挿入された **ㄴ** の直前にパッチム ㅂ型 ㄱ型 ㄷ型 がある場合、それぞれのパッチムは鼻音化します。

십육 → [십뉵] → [심뉵]（16）
꽃잎 → [꼳닙] → [꼰닙]（花びら）
한국 요리 → [한국뇨리] → [한궁뇨리]（韓国料理）

3） 挿入された **ㄴ** の直前にパッチム **ㄹ** がある場合、流音化します。

서울역 → [서울녁] → [서울력]（ソウル駅）

練習 1 発音の通りにハングルで書きましょう。 096

(1) 밭이 (畑が) [ ]

(2) 굳이 (あえて) [ ]

(3) 붙이다 (つける) [ ]

(4) 무슨 요일 (何曜日) [ ]

(5) 한국 여행 (韓国旅行) [ ]

(6) 열 여덟 (18) [ ]

●ㅎ変格用言

語幹末のパッチムがㅎの用言の中には、Ⅱ型 と Ⅲ型 でパッチムㅎを取るものがあります。これをㅎ変格用言といいます。特に Ⅲ型 ではㅎを取り語幹の母音をㅐもしくはㅒに変えます。

		Ⅰ型	Ⅱ型	Ⅲ型
ㅎ変格	어떻다 (どうだ)	어떻-	어떠-	어때-
	하얗다 (白い)	하얗-	하야-	하얘-

하얀 얼굴 (白い顔)

ㅎ変格用言は形容詞で、動詞は正格用言です。なお、形容詞の中で**좋다**（良い）のみ正格用言です。

		Ⅰ型	Ⅱ型	Ⅲ型
正 格	넣다 (入れる)	넣-	넣으-	넣어-
	좋다 (良い)	좋-	좋으-	좋아-

練習 2 例にならってそれぞれの形にしましょう。（※は正格用言）

	I型 -고	II型 -면	III型 -요
파랗다 (青い)	**파랗고**	**파라면**	**파래요**
빨갛다 (赤い)			
노랗다 (黄い)			
하얗다 (白い)			
그렇다 (そうだ)			
어떻다 (どうだ)			
넣다 (入れる)※	넣고	넣으면	넣어요
낳다 (産む、(ある物事を)生む)※			
좋다 (良い)※			

練習 3 （　　）の語用いて会話を完成させましょう。

(1) A：무슨 색을 좋아해요? (노랗다)

B：저는 ＿＿＿＿＿＿＿＿ 색을 좋아해요.

(2) A：죄송합니다만, 다른 색은 없어요? (어떻다)

B：그럼 이 색은 ＿＿＿＿＿＿＿＿세요?

(3) A：혹시 술 드셨어요? (그렇다)

B：네, ______________서 기분이 좋아요.

(4) A：______________ 영화를 봤어요? (어떻다)

B：무서운 영화를 봤어요.

● I 型 -잖아요

「今日こどもの日じゃないですか」のように「～じゃないですか」と聞き手が知っているであろうことを前提で確認する場合には I 型 **-잖아요** を用います。

오늘 어린이날이잖아요.
(今日こどもの日じゃないですか。)

練習 4 **次の文を「-잖아요」を用いた文にしましょう。**

(1) 한국의 겨울은 춥다. ______________

(2) 다음 주에 시험을 보다. ______________

(3) 선생님께서는 오늘 안 오시다. ______________

(4) 작년까지 학생이었다. ______________

알아 봅시다! 調べてみましょう！

한국의 5 대 국경일은?
韓国の５大（国慶日）国民の祝日とは？

아래 표에 쓰여 있는 날짜가 무슨 날인지 찾아 보세요.
下の表に書かれている日付が何の日なのか調べてみましょう。

월 일	국경일
3 월 1 일	삼일절
7 월 17 일	
8 월 15 일	
10 월 3 일	
10 월 9 일	

한국의 국기는 '태극기' 라고 합니다.
국경일에는 가정에서도 국기를 게양합니다.
태극기 게양 시간은 3 월～10 월에는 오전 7 시부터 오후 6 시까지,
11 월～2 월에는 오전 7 시부터 오후 5 시까지입니다.

日本語訳

韓国の国旗は「太極旗」といいます。
国民の祝日には一般家庭でも国旗を掲げます。
太極旗の掲揚時間は３月～10 月は午前７時から午後６時まで、
11 月～２月は午前７時から午後５時までです。

応用活動 응용활동

097

補足単語 보충 단어

- □ 고기 (肉)
- □ 고깃집 (焼肉屋)
- □ 새로 (新たに)
- □ 생기다 (できる)
- □ 다이어트 (ダイエット)
- □ 치킨 (チキン)

말하기 会話

演習〈1〉会話文を訳して、読む練習をしましょう。 098

정은 : 오늘은 고기 먹으러 어디로 갈까요?

민수 : 부산역 앞에 고깃집이 새로 생겼잖아요. 거기로 가요.

정은 : 아! 그런데 민수 씨 어제부터 다이어트 시작하지 않았어요?

민수 : 네. 그래서 다이어트는 다시 내일부터 시작하려고요.

쓰기 書き取り

演習〈2〉I型 **-잖아요** を用いて自由に文を作ってみましょう。

(1) ______________________________

(2) ______________________________

演習 3 日本語訳 演習１の日本語訳です。音声を聞きながら練習します。
日本語訳から韓国語で言えて、書けるようにすることを目指します。

ジョンウン: 今日はお肉食べにどこへ行きましょうか。
ミンス: プサン駅前に焼肉屋が新たにできたじゃないですか。そこに行きましょう。
ジョンウン: あっ、ところでミンスさん昨日からダイエット始めていませんでしたか。
ミンス: はい。だからダイエットはまた明日から始めようと思って。

듣기 聞き取り

099

問題 1 音声を聞いて、下線部の語句を韓国語で書きましょう。

일본인 유학생 : 요즘 일본에서는 ________________가 인기예요.

한국인 대학생 : 정말요? 한국 음식 ________________.

일본인 유학생 : 괜찮아요. 그리고 안 매운 음식도 ________________.

한국인 대학생 : ____________ 우리 ________________________갈까요?

일본인 유학생 : 좋아요! 그럼 ________________ 시간 ________________?

問題 2 問題１の音声を聞いて、設問にふさわしい答えを韓国語で書きましょう。

(1) 무엇을 먹으러 가기로 했습니까?

____

(2) 언제 먹으러 가기로 했습니까?

____

巻末付録

●初中級の表現のまとめ

●尊敬形の復習

●連体形のまとめ

●変格用言のまとめ

●用言変化語彙表

●漢数詞と固有数詞のまとめ

●助数詞について

●曜日や時をあらわす語

●助詞のまとめ

●反切表

●朝鮮半島の地図

●初中級の単語集
　用言（動詞と形容詞）
　体言（名詞と副詞）

初中級の表現のまとめ

	韓国語	日本語	参考
Ⅰ型	Ⅰ型 -고 있다	～している、～ている	5課
	Ⅰ型 -네요	～ですね、～ますね	6課
	Ⅰ型 -거든요	～（ん）ですよ	7課
	Ⅰ型 -기 전에	～する前に	9課
	Ⅰ型 -는데 (요)	～けれども、～だが	12課
	Ⅰ型 -지 말다	～するな	13課
	Ⅰ型 -잖아요	～じゃないですか	15課
Ⅱ型	Ⅱ型 -ㅂ시다 / Ⅲ型 -요	～しましょう	1課
	Ⅱ型 -니까	～ので、～から	1課
	Ⅱ型 -면	～たら、～なら、～ば	2課
	Ⅱ型 -ㄹ 수 있다	～できる	3課
	Ⅱ型 -ㄹ 수없다	～できない	3課
	Ⅱ型 -시겠-	～なさるでしょう	4課
	Ⅱ型 -셨-	～なさいました	4課
	Ⅱ型 -ㄹ게요	～ます（意志）	7課
	Ⅱ型 -ㄹ 것이다	～するだろう、～するつもりだ	8課
	Ⅱ型 -ㄴ 적이 있다	～したことがある	9課
	Ⅱ型 -ㄴ 적이 있다	～したことがない	9課
	Ⅱ型 -ㄴ 후에	～した後に	9課

Ⅱ型	Ⅱ型 -ㄴ데 (요)	～するが、～だが	12課
	Ⅱ型 -면서	～しながら	12課
	Ⅱ型 -면 되다	～すればよい	13課
	Ⅱ型 -면 안 되다	～したらだめだ	13課
Ⅲ型	Ⅲ型 -요 / Ⅱ型 -ㅂ시다	～しましょう	1課
	Ⅲ型 -서	～して（から）、～ので	2課
	Ⅲ型 -야 하다	～なければならない	2課
	Ⅲ型 주다	～してあげる、～してくれる	3課
	Ⅲ型 있다	～ている	5課
	Ⅲ型 -지다	～くなる、～になる（変化）	6課
	Ⅲ型 보다	～してみる	10課
	Ⅲ型 -도 되다	～してもよい	10課
	Ⅲ型 -ㅆ는데 (요)	～したが、～だったが	12課
	Ⅲ型 -야 되다	～しなければならない	13課
	（形容詞）Ⅲ型 -하다	～（た）がる	14課
	Ⅲ型 -ㅆ으면 좋겠다	～（し）てほしい、～（し）たい	14課
その他	名詞 -이 / -가 되다	～になる	5級
	連体形 -것 같다	～ようだ、～みたいだ	11課

尊敬形の復習

尊敬の接尾辞 **-시-** は用言を Ⅱ型 にして用います。

例 **하다**（する） → **하시다**（なさる）
앉다（座る） → **앉으시다**（お座りになる）
알다（知る） → **아시다**（ご存知だ）

また、日本語で「食べる」の尊敬語として「召し上がる」というように、韓国語でも決まっている尊敬語があります。

例 **마시다**（飲む） → **드시다**（召し上がる）
먹다（食べる） → **드시다** あるいは **잡수시다**（召し上がる）
자다（寝る） → **주무시다**（お休みになる）

있다（ある・いる）、**없다**（ない・いない）は意味に応じて異なります。

있다（ある）、**없다**（ない）の意味では接尾辞 **-시-** を用います。
있다（ある） → **있으시다**（おありになる、おありだ）
없다（ない） → **없으시다**（おありにならない、おありでない）

있다（いる）、**없다**（いない）の意味では尊敬語を用います。
있다（いる） → **계시다**（いらっしゃる）
없다（いない） → **안 계시다**（いらっしゃらない）

助詞にも尊敬の形があります。

意　味	尊敬でない形	尊敬の形
～に	-에게, -한테	-께
～が	-가 / -이	-께서
～は	-는 / -은	-께서는
～も	-도	-께서도

より詳しい内容は『わかる韓国語 初級』19 課をご参照ください。

連体形のまとめ

連体形の復習をしてみましょう。

	現 在	未 来	過 去
動 詞	Ⅰ型 -는	Ⅱ型 -ㄹ	Ⅱ型 -ㄴ
形容詞	Ⅱ型 -ㄴ		Ⅲ型 -ㅆ던

※形容詞の過去連体形 Ⅲ型 -ㅆ던については、中級の教科書で扱います。

●Ⅰ型 -지 않다の現在連体形

Ⅰ型 -지 않다 の現在連体形は、動詞の場合は Ⅰ型 -지 않다に Ⅰ型 -는を続けて Ⅰ型 -지 않는という形を用います。形容詞の場合は Ⅰ型 -지 않다に Ⅱ型 -ㄴ を続けて Ⅱ型 -지 않은という形を用います。

	Ⅰ型 -지 않다の現在連体形
動 詞	Ⅰ型 -지 않는
形容詞	Ⅰ型 -지 않은

과자를 먹지 않는 사람이에요. (お菓子を食べない人です。)

따뜻하지 않은 커피는 싫어요. (温かくないコーヒーは嫌です。)

●Ⅰ型 -고 싶다の連体形

싶다は補助形容詞のため、Ⅰ型 -고 싶다に Ⅱ型 -ㄴ を続けて Ⅰ型 -고 싶은になります。

먹고 싶은 메뉴 있어요?

(食べたいメニューありますか?)

●Ⅰ型 -지 못하다の連体形

못하다は補助動詞のため、連体形は Ⅰ型 -지 못하다に Ⅰ型 -는を続けて Ⅰ型 -지 못하는になります。

콘서트에 가지 못하는 사람도 있어요.

(コンサートに行けない人もいます。)

変格用言のまとめ

<table>
<tr><th rowspan="2"></th><th rowspan="2">語幹末音</th><th colspan="3">接　続</th><th rowspan="2">辞書表記</th></tr>
<tr><th>Ⅰ型</th><th>Ⅱ型</th><th>Ⅲ型</th></tr>
<tr><td rowspan="5">子音語幹</td><td>ㄷ</td><td>ー</td><td colspan="2">ㄷ→ㄹ</td><td>ㄷ変</td></tr>
<tr><td>ㅅ</td><td>ー</td><td colspan="2">ㅅ→×</td><td>ㅅ変</td></tr>
<tr><td>ㅂ</td><td>ー</td><td colspan="2">ㅂ→우</td><td>ㅂ変</td></tr>
<tr><td rowspan="2">ㅎ</td><td rowspan="2">ー</td><td colspan="2">ㅎ→×</td><td rowspan="2">ㅎ変</td></tr>
<tr><td>ー</td><td>ㅐ / ㅒ</td></tr>
<tr><td rowspan="3">母音語幹</td><td rowspan="3">르</td><td rowspan="2">ー</td><td rowspan="2">ー</td><td>ㄹ+라</td><td rowspan="2">르変</td></tr>
<tr><td>ㄹ+러</td></tr>
<tr><td>ー</td><td>ー</td><td>+러</td><td>러変*</td></tr>
</table>

＊러変は이르다（到着する）、누르다（黄色い）、푸르다の３語のみ。
　이르다（早い）は르変。

用言変化語彙表

種類		用　言
正格	ㄷ	닫다 뜯다 묻다 (埋める)　믿다 받다 얻다
	ㅅ	벗다 빗다 솟다 씻다 웃다
	ㅂ	뽑다 씹다 업다 잡다 접다 좁다
	ㅎ	놓다 빻다 쌓다 좋다
語幹	ㄹ	걸다 길다 놀다 달다 들다 만들다 멀다 불다 살다 알다 열다 울다 팔다
	으	고프다 기쁘다 나쁘다 들르다 바쁘다 슬프다 쓰다 아프다 예쁘다 크다
変格	ㄷ	걷다 깨닫다 듣다 묻다 (尋ねる) 싣다 알아듣다 일컫다
	ㅅ	낫다 붓다 잇다 젓다 짓다
	ㅂ	가깝다 귀엽다 덥다 무겁다 맵다 반갑다 쉽다 아름답다 어렵다 춥다
	ㅎ	그렇다 이렇다 저렇다 어떻다 빨갛다 하얗다
	르	고르다 다르다 모르다 부르다 누르다 (押す) 이르다 (早い)
	러	누르다 (黄色い)　이르다 (到着する)　푸르다

漢数詞と固有数詞のまとめ

	漢数詞	固有数詞	
1	일	하나	한
2	이	둘	두
3	삼	셋	세
4	사	넷	네
5	오	다섯	
6	육	여섯	
7	칠	일곱	
8	팔	여덟	
9	구	아홉	
10	십	열	
11	십일	열하나	열한
12	십이	열둘	열두
13	십삼	열셋	열세
14	십사	열넷	열네
15	십오	열다섯	

	漢数詞	固有数詞
20	이십	스물（스무）
30	삼십	서른
40	사십	마흔
50	오십	쉰
60	육십	예순
70	칠십	일흔
80	팔십	여든
90	구십	아흔
100	백	
1,000	천	
10,000	만	
億	억	
兆	조	
0	영 / 공 / 제로	

助数詞について

漢数詞を用いる助数詞の例

년（年）、**월**（月）※、**일**（日）、**개월**（カ月）、**분**（（時刻）分）、**층**（階）、**원**（ウォン）、**인분**（人分）、**학년**（学年）、**교시**（（授業の）限目）**센티**（**미터**）（センチ（メートル））**킬로**（**그램**）（キロ（グラム））、**도**（度）、**권**（巻）、**번**（番）、

※ただし6月は**유월**、10月は**시월**

固有数詞を用いる助数詞の例

시（（時刻）時）、**시간**（時間）、**개**（個）、**명**（名）、**마리**（匹、頭、羽）、**살**（歳）、**군데**（カ所）、**그릇**（杯（器に入ったもの））、**병**（瓶）、**잔**（杯（杯に入ったもの））、**장**（枚）、**벌**（着）、**대**（台）、**권**（冊）、**번**（回）

漢数詞と固有数詞について

概ね、順序をあらわすときは漢数詞を用い、個数をあらわすときは固有数詞を用います。例えば、**2권**を**이 권**と読めば全集第2巻となり、**두 권**と読めば2冊の意味になります。但し、時間の「～時」は固有数詞、「～分、～秒」は漢数詞と決まっているものも多くあります。また人数などは少なければ固有数詞で**두 명**（2名）ですが、多くなると**오십 명**（50名）のように漢数詞を用いることになります。

曜日や時をあらわす語

曜日

月曜日	火曜日	水曜日	木曜日	金曜日	土曜日	日曜日
월요일	화요일	수요일	목요일	금요일	토요일	일요일

-에をつけると自然な「時をあらわす語」について

曜日や下記の表にある語には **-에**（～に）を入れるのが一般的です。

例 朝、公園に行きます。**아침에 공원에 갑니다.**

※**어제**（昨日）**오늘**（今日）**내일**（明日）**모레**（明後日）**언제**（いつ）には **-에**が付きません。

時をあらわす語

春	夏	秋	冬
봄	여름	가을	겨울
明け方	午前	午後	晩
새벽	오전	오후	밤
朝	昼（昼食時）	昼（昼間）	夕方、夜
아침	점심	낮	저녁

先週	今週	来週
지난주	이번 주	다음 주
先月	今月	来月
지난달	이번 달	다음 달

助詞のまとめ

<table>
<tr><th colspan="3"></th><th>母音で終わる体言
（パッチム無）</th><th>子音で終わる体言
（パッチム有）</th></tr>
<tr><td colspan="3">〜は</td><td>는</td><td>은</td></tr>
<tr><td colspan="3">〜が</td><td>가</td><td>이</td></tr>
<tr><td colspan="3">〜を</td><td>를</td><td>을</td></tr>
<tr><td rowspan="2">〜と</td><td colspan="2">書きことば</td><td>와</td><td>과</td></tr>
<tr><td colspan="2">話しことば</td><td colspan="2">하고</td></tr>
<tr><td colspan="3">〜も</td><td colspan="2">도</td></tr>
<tr><td rowspan="3">〜に</td><td colspan="2">時・もの・場所</td><td colspan="2">에</td></tr>
<tr><td rowspan="2">人・動物</td><td>書きことば</td><td colspan="2">에게</td></tr>
<tr><td>話しことば</td><td colspan="2">한테</td></tr>
<tr><td rowspan="2">〜で</td><td colspan="2">場所</td><td colspan="2">에서</td></tr>
<tr><td colspan="2">手段・方法</td><td>로</td><td>으로</td></tr>
<tr><td rowspan="4">〜から</td><td colspan="2">場所</td><td colspan="2">에서</td></tr>
<tr><td colspan="2">時間・順序</td><td colspan="2">부터</td></tr>
<tr><td rowspan="2">人・動物</td><td>書きことば</td><td colspan="2">에게서</td></tr>
<tr><td>話しことば</td><td colspan="2">한테서</td></tr>
<tr><td colspan="3">〜まで</td><td colspan="2">까지</td></tr>
<tr><td colspan="3">〜より</td><td colspan="2">보다</td></tr>
<tr><td colspan="3">〜へ</td><td>로</td><td>으로</td></tr>
<tr><td colspan="3">〜として</td><td>로</td><td>으로</td></tr>
</table>

反切表

	ㅏ	ㅑ	ㅓ	ㅕ	ㅗ	ㅛ	ㅜ	ㅠ	ㅡ	ㅣ
	[a]	[ja]	[ɔ]	[jɔ]	[o]	[jo]	[u]	[ju]	[ɯ]	[i]
ㄱ	가	갸	거	겨	고	교	구	규	그	기
[k / g]	[ka / ga]	[kja / gja]	[kɔ / gɔ]	[kjɔ / gjɔ]	[ko / go]	[kjo / gjo]	[ku / gu]	[kju / gju]	[kɯ / gɯ]	[ki / gi]
ㄴ	나	냐	너	녀	노	뇨	누	뉴	느	니
[n]	[na]	[nja]	[nɔ]	[njɔ]	[no]	[njo]	[nu]	[nju]	[nɯ]	[ni]
ㄷ	다	댜	더	뎌	도	됴	두	듀	드	디
[t / d]	[ta / da]	[tja / dja]	[tɔ / dɔ]	[tjɔ / djɔ]	[to / do]	[tjo / djo]	[tu / du]	[tju / dju]	[tɯ / dɯ]	[ti / di]
ㄹ	라	랴	러	려	로	료	루	류	르	리
[r]	[ra]	[rja]	[rɔ]	[rjɔ]	[ro]	[rjo]	[ru]	[rju]	[rɯ]	[ri]
ㅁ	마	먀	머	며	모	묘	무	뮤	므	미
[m]	[ma]	[mja]	[mɔ]	[mjɔ]	[mo]	[mjo]	[mu]	[mju]	[mɯ]	[mi]
ㅂ	바	뱌	버	벼	보	뵤	부	뷰	브	비
[p / b]	[pa / ba]	[pja / bja]	[pɔ / bɔ]	[pjɔ / bjɔ]	[po / bo]	[pjo / bjo]	[pu / bu]	[pju / bju]	[pɯ / bɯ]	[pi / bi]
ㅅ	사	샤	서	셔	소	쇼	수	슈	스	시
[s]	[sa]	[sja]	[sɔ]	[sjɔ]	[so]	[sjo]	[su]	[sju]	[sɯ]	[si]
ㅇ	아	야	어	여	오	요	우	유	으	이
[ø]	[a]	[ja]	[ɔ]	[jɔ]	[o]	[jo]	[u]	[ju]	[ɯ]	[i]
ㅈ	자	쟈	저	져	조	죠	주	쥬	즈	지
[tʃ / dʒ]	[tʃa / dʒa]	[tʃja / dʒja]	[tʃɔ / dʒɔ]	[tʃjɔ / dʒjɔ]	[tʃo / dʒo]	[tʃjo / dʒjo]	[tʃu / dʒu]	[tʃju / dʒju]	[tʃɯ / dʒɯ]	[tʃi / dʒi]
ㅊ	차	챠	처	쳐	초	쵸	추	츄	츠	치
[tʃ^h]	[tʃ^{h}a]	[tʃ^{h}ja]	[tʃ^{h}ɔ]	[tʃ^{h}jɔ]	[tʃ^{h}o]	[tʃ^{h}jo]	[tʃ^{h}u]	[tʃ^{h}ju]	[tʃ^{h}ɯ]	[tʃ^{h}i]
ㅋ	카	캬	커	켜	코	쿄	쿠	큐	크	키
[k^h]	[k^{h}a]	[k^{h}ja]	[k^{h}ɔ]	[k^{h}jɔ]	[k^{h}o]	[k^{h}jo]	[k^{h}u]	[k^{h}ju]	[k^{h}ɯ]	[k^{h}i]
ㅌ	타	탸	터	텨	토	툐	투	튜	트	티
[t^h]	[t^{h}a]	[t^{h}ja]	[t^{h}ɔ]	[t^{h}jɔ]	[t^{h}o]	[t^{h}jo]	[t^{h}u]	[t^{h}ju]	[t^{h}ɯ]	[t^{h}i]
ㅍ	파	퍄	퍼	펴	포	표	푸	퓨	프	피
[p^h]	[p^{h}a]	[p^{h}ja]	[p^{h}ɔ]	[p^{h}jɔ]	[p^{h}o]	[p^{h}jo]	[p^{h}u]	[p^{h}ju]	[p^{h}ɯ]	[p^{h}i]
ㅎ	하	햐	허	혀	호	효	후	휴	흐	히
[h]	[ha]	[hja]	[hɔ]	[hjɔ]	[ho]	[hjo]	[hu]	[hju]	[hɯ]	[hi]

朝鮮半島の地図

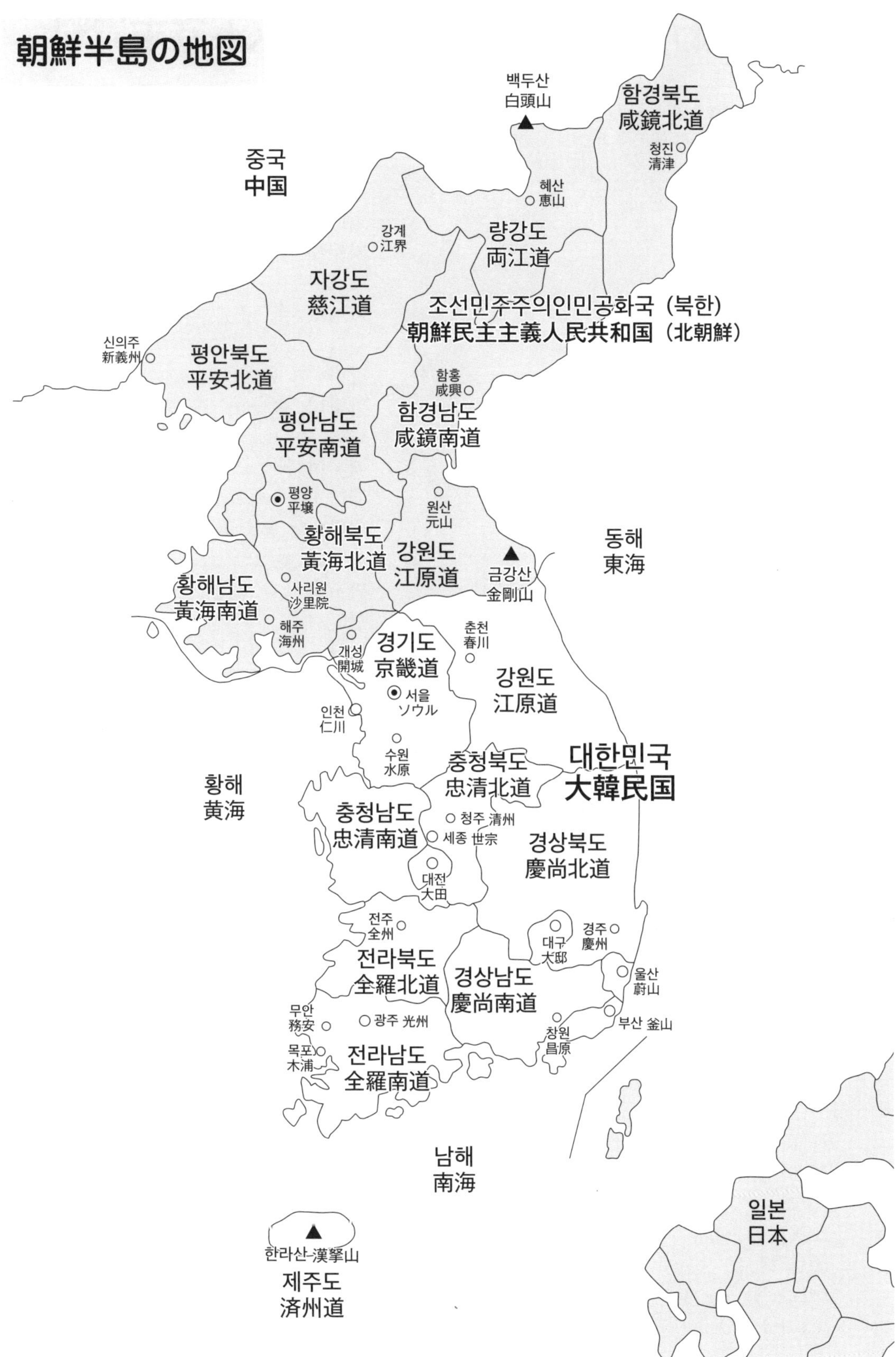

백두산
白頭山
함경북도
咸鏡北道
청진
清津
중국
中国
혜산
恵山
강계
江界
량강도
両江道
자강도
慈江道
조선민주주의인민공화국 (북한)
朝鮮民主主義人民共和国（北朝鮮）
신의주
新義州
평안북도
平安北道
함흥
咸興
평안남도
平安南道
함경남도
咸鏡南道
평양
平壌
원산
元山
황해북도
黄海北道
강원도
江原道
동해
東海
금강산
金剛山
황해남도
黄海南道
사리원
沙里院
해주
海州
춘천
春川
개성
開城
경기도
京畿道
강원도
江原道
서울
ソウル
인천
仁川
수원
水原
충청북도
忠清北道
대한민국
大韓民国
황해
黄海
충청남도
忠清南道
청주 清州
세종 世宗
경상북도
慶尚北道
대전
大田
전주
全州
대구
大邱
경주
慶州
전라북도
全羅北道
경상남도
慶尚南道
울산
蔚山
무안
務安
광주 光州
부산 釜山
창원
昌原
목포
木浦
전라남도
全羅南道
남해
南海
일본
日本
한라산 漢拏山
제주도
済州道

単語集

わかる韓国語初中級テキスト巻末資料

ハングル能力検定試験３級〜５級の語彙の中から、韓国国立国語院が頻度別に選定した、使用頻度の高いＡとＢに該当する語を初中級の単語としてまとめました。

用言（動詞・形容詞）

ㄱ

1 가깝다 形 近い、親しい
2 가다 動 行く
3 가르치다 動 教える
4 가리키다 動 示す、指す
5 가볍다 形 軽い
6 가지다 動 持つ
7 간단하다（簡單） 形 簡単だ
8 갈아입다 動 着替える
9 갈아타다 動 乗り換える
10 감다 動 （目を）閉じる、（髪を）洗う
11 감사하다（感謝—） 動 感謝する、ありがたい（形容詞）
12 강하다（強—） 形 強い
13 같다 形 等しい、同じだ、～のようだ
14 건너다 動 渡る、移る
15 걷다 動 歩く
16 걸다 動 掛ける、賭ける、懸ける
17 걸리다 動 （時間が）かかる、（病気に）かかる
18 검다 形 黒い
19 견디다 動 耐える
20 고르다 動 選ぶ
21 고맙다 形 ありがたい、ありがとう
22 고치다 動 直す
23 고프다 形 （腹が）空いている
24 곱다 形 美しい、きれいだ
25 괜찮다 形 構わない、大丈夫だ、平気だ
26 궁금하다 形 気がかりだ、気になる
27 권하다（勸—） 動 勧める
28 귀엽다 形 可愛い
29 그렇다 形 そうだ（그러하다の縮約形）
30 그리다 動 描く
31 그만두다 動 やめる
32 그치다 動 やむ、終わる、やめる、中止する
33 급하다（急—） 形 急だ、急を要する、あせる
34 기다리다 動 待つ
35 기르다 動 育てる、飼う、養う、髪を伸ばす
36 기쁘다 形 嬉しい
37 길다 形 長い
38 깊다 形 深い
39 까맣다 形 黒い
40 깎다 動 削る、刈る、値引きする
41 깨끗하다 形 清潔だ、きれいだ
42 깨다 動 覚める、覚ます
43 깨다 動 壊す、割る
44 꺼내다 動 取り出す
45 꺼지다 動 消える、落ち込む、へこむ
46 꾸다 動 （夢を）見る
47 끄다 動 消す
48 끊다 動 切る、断つ
49 끌다 動 引きずる、引く
50 끓다 動 沸く
51 끓이다 動 沸かす（スープ、チゲなど）、作る
52 끝나다 動 終わる
53 끝내다 動 終える

ㄴ

54 나가다 動 出る、出て行く
55 나누다 動 分ける、（話・情などを）交わす
56 나다 動 出る、生じる、起こる
57 나쁘다 形 悪い
58 나서다 動 進み出る、関与する
59 나오다 動 出てくる
60 나타나다 動 現れる
61 나타내다 動 表す
62 날다 動 飛ぶ
63 낡다 形 古い
64 남기다 動 残す
65 남다 動 残る、余る
66 낫다 動 治る

67 낫다 形 ましだ、よい
68 낮다 形 低い
69 낳다 動 生む、産む
70 내다 動 出す
71 내려놓다 動 降ろす
72 내리다 動 おりる、下がる、降る
73 넓다 形 広い
74 넘다 動 越える
75 넘어지다 動 倒れる、転ぶ
76 넣다 動 入れる
77 노랗다 形 黄色い
78 놀다 動 遊ぶ
79 놀라다 動 驚く
80 놀랍다 形 驚くべきだ、目覚しい
81 높다 形 高い
82 높이다 動 高める
83 놓다 動 置く
84 놓이다 動 置かれる
85 놓치다 動 逃がす、失う
86 누르다 動 抑える、押す
87 눕다 動 横たわる
88 느끼다 動 感じる
89 느리다 形 のろい、遅い
90 늘다 動 伸びる、増える、上達する
91 늘어나다 動 伸びる、長くなる、増える
92 늙다 動 老いる
93 늦다 動 遅れる
94 늦다 形 遅い

ㄷ

95 다가오다 動 近づいてくる
96 다녀가다 動 立ち寄っていく
97 다녀오다 動 行って来る
98 다니다 動 通う
99 다르다 形 異なっている、違う、別だ
100 다치다 動 怪我をする
101 닦다 動 磨く、拭く
102 닫다 動 閉める
103 닫히다 動 閉まる
104 달다 動 つける、垂らす
105 달다 形 甘い
106 달라지다 動 変化する
107 달리다 動 走る、走らせる
108 닮다 動 似る
109 담다 動 入れる、盛る、込める
110 답답하다 形 重苦しい、もどかしい
111 당연하다（當然—） 形 当然だ、もっともだ
112 닿다 動 触れる、届く
113 대단하다 形 甚だしい、すごい、大したものだ
114 더럽다 形 汚い
115 더하다 動 ひどくなる、加える
116 던지다 動 投げる、投げかける
117 덥다 形 暑い
118 덮다 動 覆う、（本を）閉じる
119 데리다 動 連れる
120 도와주다 動 手伝う、援助する、世話をする
121 돌다 動 回る、（順番が）くる、曲がる
122 돌려주다 動 返す
123 돌리다 動 回す、変える、送る、配る
124 돌아가다 動 帰る、戻る
125 돌아보다 動 振り向いて見る
126 돌아오다 動 帰ってくる、戻ってくる
127 돕다 動 助ける、手伝う
128 되다 動 なる、できる、よい
129 두다 動 置く、設ける、（碁、将棋を）打つ
130 드리다 動 差し上げる
131 듣다 動 聞く、聴く、効く
132 들다 動 入る
133 들다 動 上げる、持つ、食べる
134 들르다 動 立ち寄る
135 들리다 動 聞こえる
136 들어가다 動 入って行く、帰って行く
137 들어서다 動 入る、入り込む、踏み入る
138 들어오다 動 入って来る
139 따다 動 取る、摘む、獲得する、引用する
140 따뜻하다 形 暖かい
141 따르다 動 （流行を）追う、ついていく、従う
142 떠나다 動 出発する、離れる
143 떠들다 動 騒ぐ
144 떠오르다 動 浮かぶ
145 떨다 動 震える、震わせる
146 떨리다 動 震える、揺れる
147 떨어지다 動 落ちる、なくなる、離れる
148 떼다 動 取る、離す

149 **똑같다** 形 全く同じだ
150 **뛰다** 動 走る、はねる
151 **뜨겁다** 形 熱い
152 **뜨다** 動 浮かぶ、昇る

ㅁ

153 **마르다** 動 乾く、やせる
154 **마시다** 動 飲む
155 **마치다** 動 終わる、終える
156 **막다** 動 塞ぐ、遮る
157 **막히다** 動 詰まる、塞がる
158 **만나다** 動 会う、遭遇する
159 **만들다** 動 作る
160 **만지다** 動 触る
161 **많다** 形 多い、たくさんある
162 **말다** 動 中断する、中止する
163 **말씀드리다** 動 お話しする
164 **말하다** 動 言う、話す、しゃべる
165 **맑다** 形 晴れている、澄んでいる
166 **맛없다** 形 まずい
167 **맛있다** 形 おいしい
168 **맞다** 動 合う、正しい
169 **맞다** 動 当たる、受ける
170 **맞다** 動 迎える
171 **맞추다** 動 当てる、合わせる、あつらえる
172 **맡기다** 動 任せる、預ける
173 **맡다** 動 引き受ける、預かる
174 **매다** 動 結ぶ
175 **맵다** 形 辛い、(目に)しみて痛い
176 **먹다** 動 食べる
177 **멀다** 形 遠い
178 **모르다** 動 知らない、分からない
179 **모시다** 動 仕える、お供する
180 **모으다** 動 集める、ためる
181 **모이다** 動 集まる、たまる
182 **모자라다** 動 足りない
183 **못하다** 形 できない
184 **무겁다** 形 重い
185 **무섭다** 形 恐ろしい、怖い
186 **묻다** 動 尋ねる、問う
187 **미안하다** (未安—) 形 すまない
188 **믿다** 動 信じる
189 **밉다** 形 憎い、醜い、

ㅂ

190 **바꾸다** 動 代える、交換する、両替する
191 **바뀌다** 動 変えられる、変わる、代わる
192 **바라다** 動 願う、望む
193 **바라보다** 動 見渡す、眺める
194 **바르다** 動 貼る、塗る
195 **바쁘다** 形 忙しい
196 **반갑다** 形 懐かしい、嬉しい
197 **받다** 動 受け取る、受ける、もらう
198 **받아들이다** 動 受け入れる
199 **밝다** 形 明るい、(視力、聴力が)良い
200 **밝히다** 動 明らかにする、明かす
201 **밟다** 動 踏む
202 **배우다** 動 学ぶ、習う
203 **버리다** 動 捨てる
204 **벌다** 動 稼ぐ、(金を)儲ける
205 **벌리다** 動 あける、広げる
206 **벗다** 動 脱ぐ
207 **변하다** (變—) 動 変わる
208 **보내다** 動 送る、届ける
209 **보다** 動 見る
210 **보이다** 動 見える、見せる
211 **복잡하다** (複雑—) 形 複雑だ、混雑している
212 **볶다** 動 炒める、煎る
213 **뵈다** 動 お目にかかる
214 **뵙다** 動 お目にかかる
215 **부끄럽다** 形 恥ずかしい
216 **부닥치다** 動 突き当たる、ぶつかる
217 **부드럽다** 形 柔らかい
218 **부르다** 動 呼ぶ、歌う
219 **부르다** 動 (お腹が)いっぱいだ
220 **부치다** 動 送る
221 **불다** 動 吹く
222 **불쌍하다** 形 哀れだ、かわいそうだ
223 **붉다** 形 赤い
224 **붓다** 動 注ぐ
225 **붙다** 動 付く、引っ付く
226 **붙이다** 動 付ける、貼る
227 **비슷하다** 形 似ている
228 **비싸다** 形 (値段が)高い
229 **빠르다** 形 速い、早い
230 **빠지다** 動 おぼれる、はまる、抜ける

231 빨갛다 形 赤い
232 빨다 動 洗濯する
233 빼다 動 抜く、取り除く
234 뽑다 動 抜く、選ぶ
235 뿌리다 動 振りまく、まく

ㅅ

236 사귀다 動 付き合う、交わる
237 사다 動 買う
238 사라지다 動 消える、なくなる
239 살다 動 生きる、住む、暮らす
240 살리다 動 生かす
241 생각되다 動 考えられる、思われる
242 생각하다 動 考える、思う
243 생기다 動 生じる、起こる、手に入る
244 서다 動 立つ、とまる
245 서두르다 動 急ぐ、焦る
246 서투르다 形 下手だ、不器用だ
247 섞다 動 混ぜる
248 섞이다 動 混ざる、混じる
249 세다 形 強い
250 세우다 動 立てる、建てる、(車を) 止める
251 속하다 (屬—) 動 属する
252 솔직하다 (率直—) 形 率直だ、正直だ
253 수많다 (數—) 形 数多い
254 숨다 動 隠れる、潜む
255 쉬다 動 休む、中断する、寝る
256 쉬다 動 呼吸する
257 쉽다 形 容易だ、易しい
258 슬프다 形 悲しい、かわいそうだ
259 시끄럽다 形 騒々しい、うるさい、面倒だ
260 시작되다 動 始まる
261 시작하다 動 始める
262 시키다 動 させる、注文する
263 식다 動 冷める、ぬるくなる、薄らぐ
264 신다 動 履く
265 싣다 動 載せる、積む、掲載する
266 싫다 形 いやだ、嫌いだ
267 싫어하다 動 嫌う、いやがる
268 심각하다 (深刻—) 形 深刻だ
269 심하다 形 ひどい、甚だしい、激しい
270 싱겁다 形 (味が) 薄い、つまらない
271 싸다 動 包む、包装する、(弁当を) つくる
272 싸다 形 安い
273 싸우다 動 戦う、争う、けんかする
274 쌓다 動 積む、積み重ねる、磨く、築く
275 쌓이다 動 積まれる、積もる
276 썩다 動 腐る
277 쏟다 動 こぼす、空ける、ぶちまける、注ぐ
278 쓰다 動 書く
279 쓰다 動 使う
280 쓰다 動 かぶる、かける
281 쓰다 形 苦い
282 씻다 動 洗う

ㅇ

283 아니다 形 違う、(~では) ない
284 아름답다 形 美しい
285 아프다 形 痛い、(体の) 具合が悪い
286 안녕하다 (安寧—) 形 元気だ、無事だ
287 안다 動 抱く、抱える、いだく
288 안되다 動 だめだ、うまく行かない
289 안되다 形 気の毒だ、すまない、申し訳ない
290 앉다 動 座る
291 알다 動 知る、知っている、分かる
292 알리다 動 知らせる
293 알맞다 形 適当だ、合う、ふさわしい
294 알아듣다 動 理解する、聞き取る
295 앓다 動 患う、病む、(胸を) 痛める、苦しむ
296 앞서다 動 先に立つ
297 약하다 (弱—) 形 弱い
298 얇다 形 薄い、浅はかだ、色が薄い
299 얕다 形 浅い、低い、浅はかだ
300 어둡다 形 暗い、(視力、聴力が) 弱い
301 어떠하다 形 どういうふうだ
302 어떻다 形 どのようだ
303 어렵다 形 難しい
304 어리다 形 幼い、未熟だ、幼稚だ
305 어울리다 動 似合う、交わる
306 얻다 動 もらう、得る、持つ
307 얼다 動 凍る、凍える、怖気づく
308 없애다 動 なくす、やりつくす、処分する
309 여쭈다 動 申し上げる、伺う
310 열다 動 開く、開ける、始める

311 열리다 動 開かれる、開く
312 예쁘다 形 きれいだ、かわいい、美しい
313 오다 動 来る、(雨が) 降る、帰ってくる
314 오르다 動 登る、上がる、乗る
315 올라가다 動 登る、上がる、昇る、上京する
316 올라오다 動 上がって来る、昇る
317 올리다 動 上げる、差し上げる
318 옮기다 動 移す、訳す
319 옳다 形 正しい、もっともだ
320 외우다 動 覚える、暗記する、暗誦する
321 울다 動 泣く
322 울리다 動 鳴る、泣かせる、鳴らす
323 움직이다 動 動く、動かす
324 웃다 動 笑う
325 원하다 (願—) 動 望む、願う
326 위하다 (爲—) 動 ~のためにする、大事にする
327 유명하다 (有名—) 形 有名だ
328 이기다 動 勝つ、耐える
329 이러하다 形 このようだ、こんな具合だ
330 이렇다 形 こうだ、このようだ
331 이루다 動 成す、つくりあげる
332 이르다 動 着く、到着する、至る
333 이르다 形 早い
334 이상하다 (異常—) 形 変だ、変わっている、不思議だ
335 이야기하다 動 話す、語る
336 익다 動 実る、熟す、煮える、漬かる
337 일어나다 動 起きる、生じる、起こる
338 일으키다 動 起こす、興す
339 일하다 動 仕事する、働く
340 읽다 動 読む
341 잃다 動 失う、なくす
342 잃어버리다 動 失ってしまう、なくす
343 입다 動 着る
344 잊다 動 忘れる
345 잊어버리다 動 忘れてしまう

ㅈ

346 자다 動 寝る、眠る
347 자라나다 動 成長する、育つ
348 자라다 動 成長する、育つ、伸びる
349 자르다 動 切る、切り離す、解雇する
350 작다 形 小さい、(背が) 低い
351 잘되다 動 よくできる、うまくいく、成功する
352 잘못되다 動 間違う、誤る、死ぬ
353 잘못하다 動 間違う、誤りを犯す
354 잘살다 動 豊かに暮らす、無事に暮らす
355 잘생기다 形 ハンサムだ
356 잘하다 動 上手だ、うまくやる、よく~する
357 잡다 動 つかむ、捕まえる、手に入れる
358 잡수시다 動 召し上がる、お年を召す
359 잡히다 動 捕まる、落ち着く、握られる
360 재미없다 形 つまらない、面白くない
361 재미있다 形 面白い、興味がある
362 저렇다 形 あのようだ
363 적다 動 記入する、書き記す
364 적다 形 少ない
365 적당하다 (適當—) 形 適当だ、ちょうどよい
366 전하다 (傳—) 動 伝える、知らせる、広める
367 젊다 形 若い
368 정하다 (定—) 動 定める、決める
369 젖다 動 浸る、ぬれる、染まる
370 조용하다 形 静かだ、穏やかだ
371 졸다 動 居眠りする
372 좁다 形 狭い
373 좋다 形 良い、好きだ
374 좋아하다 動 喜ぶ、好きだ、好む
375 죄송하다 形 恐縮だ、申し訳ない
376 주다 動 あげる、やる、くれる、与える
377 주무시다 動 お休みになる (자다の尊敬語)
378 죽다 動 死ぬ
379 죽이다 動 殺す、かっこいい、すごい
380 줄다 動 減る
381 줄이다 動 減らす、縮める
382 쥐다 動 握る、つかむ、握られる、握らせる
383 즐겁다 形 楽しい、愉快だ、快い
384 즐기다 動 楽しむ、好む
385 지나가다 動 過ぎる、通り過ぎる
386 지나다 動 過ぎる、経過する
387 지나치다 形 度を越す、度が過ぎる、通

り過ぎる
388 **지내다** 動 過ごす、暮らす、交わる、付き合う
389 **지니다** 動 身につける、持つ、備えている
390 **지다** 動 負ける、敗れる
391 **지다** 動 背負う、受ける
392 **지다** 動 散る、落ちる 消える、なくなる
393 **지우다** 動 なくす、消す、落とす
394 **지키다** 動 守る、保護する、保つ、維持する
395 **집다** 動 握る、持つ、つまむ、はさむ、拾う
396 **짓다** 動 （名前を）つける、（家を）建てる
397 **짙다** 形 濃い、深い
398 **짜다** 形 塩辛い、しょっぱい
399 **짧다** 形 短い、足りない
400 **찌다** 動 （肉が）つく、太る
401 **찍다** 動 （写真を）撮る

ㅊ

402 **차갑다** 形 冷たい
403 **차다** 動 蹴る、舌を鳴らす、振る、拒む
404 **차다** 形 冷たい
405 **차리다** 動 準備する、整える、構える、装う
406 **착하다** 形 善良だ、おとなしい、やさしい
407 **참다** 動 こらえる、我慢する
408 **찾다** 動 探す、見つける、見つかる
409 **찾아가다** 動 会いに行く、訪ねて行く
410 **찾아오다** 動 会いに来る、訪ねてくる
411 **채우다** 動 補う、満たす
412 **챙기다** 動 取りそろえる、片付ける、準備する
413 **쳐다보다** 動 見上げる、見つめる、眺める
414 **추다** 動 踊る、舞う
415 **춥다** 形 寒い
416 **충분하다**（充分—） 形 十分だ、足りる
417 **취하다**（酔—） 動 酔う
418 **치다** 動 打つ、殴る、叩く
419 **친하다**（親—） 形 親しい

ㅋ

420 **커다랗다** 形 非常に大きい
421 **켜다** 動 （火、電気製品を）つける
422 **크다** 形 大きい、（背が）高い
423 **키우다** 動 大きくする、育てる

ㅌ

424 **타다** 動 乗る、滑る
425 **태어나다** 動 生まれる
426 **태우다** 動 焼く、燃やす、焦がす
427 **태우다** 動 乗せる、渡らせる、滑らせる
428 **털다** 動 はたく、ぶちまける、かっさらう
429 **통하다**（通—） 動 通じる、知られる
430 **틀리다** 動 違う、間違える、誤る
431 **틀림없다** 形 間違いない、確かだ

ㅍ

432 **파랗다** 形 青い
433 **팔다** 動 売る
434 **팔리다** 動 売れる
435 **펴다** 動 広げる、開く、伸ばす、敷く
436 **편리하다**（便利—） 形 便利だ、都合がいい
437 **편안하다**（便安—） 形 無事だ、安らかだ
438 **편하다**（便—） 形 安らかだ、気楽だ、楽だ、便利だ
439 **푸르다** 形 青い、熟しきっていない
440 **푹** 形 ぐさりと、じっくり、ぐっすり、ゆったり
441 **풀다** 動 解く、ほどく、解放する、和らげる
442 **풀리다** 動 ほどける、解ける、和らぐ
443 **피곤하다**（疲困—） 形 疲れている、くたびれている
444 **피다** 動 咲く、開く、生える、（火が）おこる
445 **피우다** 動 （たばこを）吸う、（花を）咲かせる

ㅎ

446 **하다** 動 ～する、～と言う、～と思う
447 **하얗다** 形 白い
448 **한잔하다**（—盞—） 動 一杯やる、軽く飲む茶や酒
449 **합치다**（合—） 動 合わせる、取り混ぜる、

合計する

450 향하다 (向—) 動 向く、面している、向かう
451 헤어지다 動 別れる、離れる
452 훌륭하다 形 立派だ、素晴らしい
453 흐르다 動 流れる、傾く、偏る
454 흐리다 動 濁る、曇っている、濁らす、ぼかす
455 흔들다 動 振る、揺らす
456 흘리다 動 流す、こぼす、紛失する
457 희다 形 白い
458 힘들다 形 骨が折れる、大変だ

体言(名詞·副詞)

ㄱ

1 가게 名 店、商店
2 가격 (價格) 名 価格、値段
3 가까이 副 近く、近くに、(間柄が) 親しく、~近く
4 가끔 副 たまに、時たま、時々
5 가능 (하) (可能) 名 可能
6 가능성 (可能性) 名 可能性
7 가득 (하) 副 いっぱい (に)
8 가루 名 粉
9 가방 名 鞄 (かばん)
10 가사 (歌詞) 名 歌詞
11 가수 (歌手) 名 歌手
12 가스 名 ガス
13 가슴 名 胸
14 가운데 名 なか、真ん中、中央
15 가위 名 はさみ
16 가을 名 秋
17 가이드 名 ガイド
18 가장 副 最も
19 가정 (家庭) 名 家庭
20 가족 (家族) 名 家族
21 각각 (各各) 副 各々
22 각자 (各自) 名 各自
23 간장 (—醬) 名 醤油
24 갈비 名 カルビ、あばら骨
25 갈비탕 (—湯) 名 カルビスープ
26 감 名 柿
27 감기 (感氣) 名 風邪
28 감동 (되, 하) (感動) 名 感動
29 감자 名 ジャガイモ
30 감정 (感情) 名 感情
31 갑자기 副 突然、急に
32 값 名 値段、価格
33 강 (江) 名 川
34 강의 (하) (講義) 名 講義
35 같이 副 一緒に、同様に、~の様に
36 개 名 犬
37 개인 (個人) 名 個人
38 거리 名 街、通り
39 거울 名 鏡
40 거의 副 ほとんど
41 거짓말 (하) 名 嘘
42 걱정 (되, 하) 名 心配
43 건강 (하) (健康) 名 健康
44 건너 名 向こう、向かい側
45 건물 (建物) 名 建物
46 검사 (되, 하) (檢査) 名 検査、(課題などの) 点検
47 게다가 副 その上、それに、しかも
48 겨우 副 やっと、ようやく
49 겨울 名 冬
50 결과 (結果) 名 結果
51 결국 (結局) 名 結局
52 결정 (되, 하) (決定) 名 決定
53 결혼 (하) (結婚) 名 結婚
54 경기 (競技) 名 競技
55 경영 (되, 하) (經營) 名 経営
56 경우 (境遇) 名 場合
57 경제 (經濟) 名 経済
58 경찰 (警察) 名 警察
59 경치 (景致) 名 景色
60 경험 (되, 하) (經驗) 名 経験
61 곁 名 そば、脇
62 계단 (階段) 名 階段
63 계란 (鷄卵) 名 卵、玉子
64 계산 (되, 하) (計算) 名 計算
65 계속 (되, 하) (繼續) 名 継続
66 계절 (季節) 名 季節

67 계획 (되, 하) (計劃) 图 計画
68 고구마 图 サツマイモ
69 고급 (高級) 图 高級、上級
70 고기 图 肉、魚
71 고등학교 (高等學校) 图 高校
72 고모 (故母) 图 おば (父の姉妹)
73 고민 (되, 하) (苦悶) 图 悩み
74 고생 (하) (苦生) 图 苦労
75 고장 (故障) 图 故障
76 고추 图 唐辛子
77 고추장 图 唐辛子味噌
78 고춧가루 图 唐辛子粉
79 고통 (苦痛) 图 苦痛
80 곧 副 すぐに、まもなく
81 골목 图 路地、横町
82 곳 图 所、場所、場、…か所
83 공 图 ボール
84 공간 (空間) 图 空間
85 공기 (空氣) 图 空気
86 공동 (共同) 图 共同
87 공무원 (公務員) 图 公務員
88 공부 (하) (工夫) 图 勉強
89 공사 (하) (工事) 图 工事
90 공연 (되, 하) (公演) 图 公演、コンサート
91 공원 (公園) 图 公園
92 공장 (工場) 图 工場
93 공짜 (空―) 图 ただ、無料
94 공항 (空港) 图 空港
95 과목 (科目) 图 科目
96 과일 图 果物
97 과자 (菓子) 图 菓子
98 과장 (課長) 图 課長
99 과제 (課題) 图 課題、問題
100 과학 (科學) 图 科学
101 관계 (되, 하) (關係) 图 関係
102 관광 (하) (觀光) 图 観光
103 관련 (되, 하) (關連) 图 関連
104 관리 (되, 하) (管理) 图 管理
105 관심 (關心) 图 関心
106 광고 (하) (廣告) 图 広告
107 교과서 (教科書) 图 教科書
108 교류 (되, 하) (交流) 图 交流
109 교수 (教授) 图 教授
110 교실 (教室) 图 教室
111 교육 (되, 하) (教育) 图 教育
112 교통 (交通) 图 交通
113 교포 (僑胞) 图 同胞、海外同胞
114 교회 (教會) 图 教会
115 구경 (하) 图 見物、観覧
116 구두 图 靴、革靴
117 구름 图 雲
118 구멍 图 穴、抜け道、欠点
119 구월 (九月) 图 9月
120 구체 (적) (具體 (的)) 图 具体 (的)
121 국 图 スープ、つゆ、汁
122 국가 (國家) 图 国家
123 국내 (國內) 图 国内
124 국물 图 汁
125 국민 (國民) 图 国民
126 국수 图 そうめん、うどん
127 국어 (國語) 图 国語
128 국제 (國際) 图 国際
129 군대 (軍隊) 图 軍隊
130 귀 图 耳
131 귀국 (하) (歸國) 图 帰国
132 규칙 (規則) 图 規則
133 귤 图 みかん
134 그날 图 その日
135 그냥 副 そのまま、ただ
136 그늘 图 日陰
137 그다지 副 さほど、あまり
138 그대로 副 そのまま
139 그동안 图 その間、その後
140 그때 图 その時
141 그래서 副 それで、だから
142 그램 图 グラム (g)
143 그러나 副 しかし
144 그러니까 副 だから
145 그러면 副 それなら、そうすれば
146 그러므로 副 それゆえ
147 그런데 副 ところで、だけど
148 그렇게 副 そのように、それほど、非常に
149 그렇지만 副 だが、しかし、でも
150 그룹 图 グループ
151 그릇 图 器、入れ物
152 그리 副 さほど
153 그리고 副 そして

154 그림 名 絵
155 그만큼 副 その程度
156 그중 (—中) 名 その中
157 그해 名 その年
158 극장 (劇場) 名 劇場、映画館
159 글 名 文、文章、文字
160 글쓰기 名 文章 (文字) を書くこと
161 글씨 名 字、文字
162 글자 (—字) 名 字、文字
163 금 (金) 名 金
164 금방 (今方) 副 今しがた、すぐに
165 금요일 (金曜日) 名 金曜日
166 금지 (되, 하) (禁止) 名 禁止
167 급 (級) 名 級、クラス、～級、
168 기간 (期間) 名 期間
169 기계 (機械) 名 機械
170 기대 (되, 하) (期待) 名 期待
171 기름 名 油
172 기본 (基本) 名 基本
173 기분 (氣分) 名 気分
174 기쁨 名 喜び
175 기사 (記事) 名 記事
176 기술 (技術) 名 技術
177 기억 (되, 하) (記憶) 名 記憶
178 기온 (氣溫) 名 気温
179 기자 (記者) 名 記者
180 기준 (하) (基準) 名 基準
181 기차 (汽車) 名 汽車、列車
182 기초 (하) (基礎) 名 基礎
183 기회 (機會) 名 機会
184 긴장 (되, 하) (緊張) 名 緊張
185 길 名 道
186 길거리 名 通り、路上
187 길이 名 長さ、いつまでも、長く
188 김 名 海苔 (のり)
189 김밥 名 のり巻き
190 김치 名 キムチ
191 깊이 副 深さ、深く
192 깜빡 (하) 副 ちらっと、ぱちりと、うっかり
193 깜짝 (하) 副 びっくり
194 껌 名 チューインガム
195 꼭 副 必ず、きっと
196 꽃 名 花
197 꽤 副 かなり、ずいぶん
198 꿀 名 蜂蜜
199 꿈 名 夢
200 끝 名 終わり、端、先
201 끝내 副 最後まで、ついに

ㄴ

202 나라 名 国
203 나머지 名 残り、余り
204 나무 名 木
205 나물 名 ナムル (野菜や山菜のあえもの)
206 나이 名 歳、年齢
207 나중 名 あと、後ほど
208 나흘 名 4日、4日間
209 날 名 日、～日
210 날개 名 翼、羽
211 날씨 名 天気、天候
212 날짜 名 日取り、日付
213 남 (男) 名 男、男子
214 남성 (男性) 名 男性
215 남자 (男子) 名 男、男性
216 남쪽 (南—) 名 南、南側、南の方
217 남편 (男便) 名 夫
218 낮 名 昼
219 내년 (來年) 名 来年
220 내용 (內容) 名 内容
221 내일 (來日) 名 明日
222 냄비 名 鍋
223 냄새 名 匂い
224 냉면 (冷麵) 名 冷麺
225 냉장고 (冷藏庫) 名 冷蔵庫
226 너머 名 向こう側、～越し
227 너무 副 とても、あまりにも
228 너무나 副 あまりにも
229 넥타이 名 ネクタイ
230 노래 (하) 名 歌
231 노래방 (—房) 名 カラオケ (ルーム)
232 노력 (하) (努力) 名 努力
233 노인 (老人) 名 老人
234 노트 名 ノート
235 녹색 (綠色) 名 緑色
236 녹음 (되, 하) (錄音) 名 録音
237 놀이 (하) 名 遊び
238 농구 (籠球) 名 バスケットボール

239 농담 (하) (弄談) 名 冗談
240 농업 (農業) 名 農業
241 농촌 (農村) 名 農村
242 높이 名 高さ、高く
243 누나 名 姉 (弟から見た)
244 눈 名 目
245 눈 名 雪
246 눈물 名 涙
247 눈빛 名 目つき、眼光
248 뉴스 名 ニュース
249 느낌 名 感じ
250 늘 副 常に、いつも
251 능력 (能力) 名 能力

ㄷ

252 다 副 全て、全部、皆、ほとんど
253 다리 名 足、脚
254 다리 名 橋
255 다시 副 再び
256 다음 名 次、次の
257 단어 (單語) 名 単語
258 단체 (團體) 名 団体
259 달 名 月
260 달걀 名 (鶏の) たまご
261 달러 名 ドル
262 달력 (—曆) 名 カレンダー
263 닭 名 ニワトリ
264 담배 名 タバコ
265 담임 (하) (擔任) 名 担任
266 당근 名 ニンジン
267 당장 (當場) 名 その場 (で)、即刻、今のところ
268 대답 (하) (對答) 名 返事、答え
269 대부분 (大部分) 名 大部分
270 대신 (하) (代身) 名 身代わり、代理、代わりに
271 대중 (大衆) 名 大衆
272 대통령 (大統領) 名 大統領
273 대표 (되, 하) (代表) 名 代表
274 대학 (大學) 名 大学、学部
275 대학교 (大學校) 名 大学、総合大学
276 대학생 (大學生) 名 大学生
277 대학원 (大學院) 名 大学院
278 대화 (하) (對話) 名 対話
279 댁 (宅) 名 お宅、お宅さま、あなた
280 더 副 もっと、さらに
281 더구나 副 その上、しかも、さらに
282 덕분 (德分) 名 お陰、恩恵
283 덜 副 より少なく、まだ〜ない
284 도로 (道路) 名 道路
285 도서관 (圖書館) 名 図書館
286 도시 (都市) 名 都市
287 도시락 名 弁当
288 도중 (途中) 名 途中
289 도착 (되, 하) (到着) 名 到着
290 독서 (하) (讀書) 名 読書
291 돈 名 お金
292 돌 名 石
293 동기 (動機) 名 動機
294 동네 (洞—) 名 町、町内
295 동물 (動物) 名 動物
296 동생 (同生) 名 弟、妹
297 동시 (同時) 名 同時
298 동안 名 間、期間
299 동양 (東洋) 名 東洋
300 동쪽 (東—) 名 東、東側、東の方
301 동창 (同窓) 名 同窓
302 돼지 名 豚
303 되게 副 すごく、とても
304 된장 (—醬) 名 味噌
305 두부 (豆腐) 名 豆腐
306 뒤 名 後ろ、後、裏
307 드라마 名 ドラマ
308 등 名 背中
309 등 (等) 名 等級
310 등산 (하) (登山) 名 登山
311 따로 副 別に、他に
312 딱 副 ぱったり、きっぱりと、ぴたっと
313 딸 名 娘
314 딸기 名 イチゴ
315 땀 名 汗
316 땅 名 土地、地面
317 때 名 時、時間、時期
318 때문 名 …のため、…のせい
319 떡 名 餅
320 또 副 また、再び、さらに、その上
321 또는 副 または
322 또다시 副 再び、再度

323 또한 副 同様に
324 똑바로 副 まっすぐに、正しく
325 뜻 (하) 名 意味、意志

ㄹ

326 라디오 名 ラジオ
327 라면 名 ラーメン
328 레몬 名 レモン
329 레스토랑 名 レストラン
330 리듬 名 リズム

ㅁ

331 마늘 名 にんにく
332 마당 名 庭、広場
333 마루 名 板の間
334 마을 名 村
335 마음 名 心
336 마음대로 副 気ままに、勝手に
337 마이크 名 マイク
338 마주 (하) 副 向き合って
339 마지막 名 最後、終わり
340 마찬가지 名 同様
341 마치 副 まるで、あたかも、ちょうど
342 마침 副 ちょうど、たまたま
343 마침내 副 遂に
344 막 副 やたらに、でたらめに、むやみに
345 막 副 いましがた、まさに
346 막내 名 末っ子、末
347 만화 (漫畫) 名 漫画
348 많이 副 多く、たくさん
349 말 名 ことば、話、言語、言うこと
350 말 名 馬
351 말씀 名 お言葉、お話 (말の尊敬・謙譲語)
352 맛 名 味
353 맞은편 (—便) 名 向かい側
354 매우 副 非常に、とても
355 매일 (每日) 名 毎日
356 맥주 (麥酒) 名 ビール
357 머리 名 頭、髪
358 머리카락 名 (一本一本の) 髪の毛
359 먼저 副 先に、まず
360 먼지 名 ちり、ほこり
361 멀리 副 遠く、遥かに
362 메뉴 名 メニュー
363 메모 (하) 名 メモ
364 메시지 名 メッセージ
365 메일 名 メール
366 며칠 名 何日
367 명령 (하) (命令) 名 命令
368 명함 (名銜) 名 名刺
369 모델 名 モデル
370 모두 副 すべて、全部、全部で
371 모래 名 砂
372 모레 名 あさって
373 모습 名 姿
374 모양 (模樣) 名 形、様子、格好
375 모임 名 集まり、会合
376 모자 (帽子) 名 帽子
377 목 名 首、喉
378 목걸이 名 ネックレス
379 목소리 名 声
380 목요일 (木曜日) 名 木曜日
381 목욕 (하) (沐浴) 名 風呂、入浴
382 목욕탕 (沐浴湯) 名 風呂場、銭湯
383 목적 (目的) 名 目的
384 목표 (하) (目標) 名 目標
385 몸 名 体
386 몹시 副 とても、大変、ひどく
387 무 名 大根
388 무게 名 重さ
389 무대 (舞臺) 名 舞台
390 무시 (되, 하) (無視) 名 無視
391 무역 (하) (貿易) 名 貿易
392 무용 (하) (舞踊) 名 舞踊
393 무조건 (하) (無條件) 名 無条件
394 무척 副 とても、非常に
395 문 (門) 名 ドア、戸、門、扉
396 문장 (文章) 名 文、文章
397 문제 (問題) 名 問題
398 문학 (文學) 名 文学
399 문화 (文化) 名 文化
400 물 名 水
401 물건 (物件) 名 物、品物
402 물고기 名 魚
403 물론 (勿論) 副 もちろん
404 물음 名 問い
405 미국 (美國) 名 アメリカ
406 미래 (未來) 名 未来

407 미리 副 あらかじめ、前もって
408 미술 (美術) 名 美術
409 미인 (美人) 名 美人
410 미터 名 メートル (m)
411 미팅 名 会合、会議、ミーティング
412 민족 (民族) 名 民族
413 믿음 名 信頼、信仰
414 및 副 および、並びに、また
415 밑 名 下、底

ㅂ

416 바나나 名 バナナ
417 바다 名 海
418 바닥 名 底、底面、床
419 바람 名 風、浮気、~ブーム
420 바로 副 まっすぐに、すぐ、正に
421 바보 名 ばか、間抜け
422 바위 名 岩
423 바지 名 ズボン
424 박물관 (博物館) 名 博物館
425 박사 (博士) 名 博士
426 박수 (拍手) 名 拍手
427 밖 名 外
428 반 (半) 名 半分、半
429 반 (班) 名 班、クラス
430 반대 (되, 하) (反對) 名 反対
431 반드시 副 必ず、きっと
432 반찬 (飯饌) 名 おかず
433 받침 名 支え、下敷き、パッチム (終声)、
434 발 名 足
435 발가락 名 (足の) 指
436 발견 (되, 하) (發見) 名 発見
437 발달 (되, 하) (發達) 名 発達
438 발목 名 足首
439 발생 (되, 하) (發生) 名 発生
440 발음 (되, 하) (發音) 名 発音
441 발전 (되, 하) (發展) 名 発展
442 발표 (되, 하) (發表) 名 発表
443 밤 名 夜
444 밤낮 名 昼夜、日夜、いつも
445 밤중 (—中) 名 夜中
446 밥 名 飯、ご飯
447 밥솥 名 釜
448 방 (房) 名 部屋
449 방금 (方今) 副 たった今
450 방법 (方法) 名 方法
451 방송 (되, 하) (放送) 名 放送
452 방학 (하) (放學) 名 (学校の) 長期休暇
453 밭 名 畑
454 배 名 腹、おなか
455 배 名 舟、船
456 배 名 梨
457 배구 (排球) 名 バレーボール
458 배우 (俳優) 名 俳優
459 배추 名 白菜
460 백화점 (百貨店) 名 百貨店、デパート
461 뱀 名 ヘビ
462 버스 名 バス
463 번역 (되, 하) (飜譯) 名 翻訳
464 번호 (番號) 名 番号
465 벌레 名 虫
466 벌써 副 既に、もう
467 법 (法) 名 法、法律、方法、仕方、…式
468 벽 (壁) 名 壁
469 변화 (되, 하) (變化) 名 変化
470 별 名 星
471 별로 (別—) 副 別に、さほど
472 병 (病) 名 病気
473 병 (甁) 名 瓶
474 병원 (病院) 名 病院
475 보고 (되, 하) (報告) 名 報告
476 보다 副 さらに、より
477 보통 (普通) 名 普通
478 보험 (保險) 名 保険
479 보호 (되, 하) (保護) 名 保護
480 복도 (複道) 名 廊下
481 복사 (되, 하) (複寫) 名 複写、コピー
482 복습 (하) (復習) 名 復習
483 볼일 名 用事
484 볼펜 名 ボールペン
485 봄 名 春
486 봉지 (封紙) 名 紙袋、袋
487 봉투 (封套) 名 封筒、袋
488 부모 [님] (父母 [-]) 名 父母、[ご] 両親
489 부부 (夫婦) 名 夫婦
490 부분 (部分) 名 部分

491 부엌 名 台所
492 부인（夫人） 名 夫人、奥様
493 부장（部長） 名 部長
494 부족（되, 하）（不足） 名 不足
495 북쪽（北—） 名 北、北側、北の方
496 분명（하）（分明） 副 明白（に）、明らか（に）
497 분위기（雰圍氣） 名 雰囲気、ムード
498 불 名 火、明かり
499 불고기 名 プルゴギ、焼肉
500 불교（佛敎） 名 仏教
501 불만（不滿） 名 不満
502 불빛 名 炎、明かり
503 불안（하）（不安） 名 不安
504 비 名 雨
505 비교（되, 하）（比較） 名 比較
506 비누 名 石鹸
507 비디오 名 ビデオ
508 비밀（秘密） 名 秘密
509 비빔밥 名 ビビンバ
510 비용（費用） 名 費用
511 비타민 名 ビタミン
512 비행기（飛行機） 名 飛行機
513 빛 名 光
514 빨래 名 洗濯（物）
515 빨리 副 速く、早く
516 빵 名 パン
517 뼈 名 骨
518 뿌리 名 根

ㅅ

519 사고（事故） 名 事故
520 사과（沙果） 名 リンゴ
521 사람 名 人
522 사랑（하） 名 愛、恋
523 사무（事務） 名 事務
524 사실（事實） 名 事実
525 사업（하）（事業） 名 事業
526 사용（되, 하）（使用） 名 使用
527 사원（社員） 名 社員
528 사월（四月） 名 4月
529 사이 名 間、仲
530 사장（社長） 名 社長
531 사전（辭典） 名 辞典、辞書
532 사진（寫眞） 名 写真
533 사촌（四寸） 名 いとこ
534 사회（社會） 名 社会
535 사흘 名 3日、3日間
536 산（山） 名 山
537 산책（하）（散策） 名 散策、散歩
538 살 名 歳
539 살 名 肉、肌
540 삼월（三月） 名 3月
541 삼촌（三寸） 名 叔父、伯父
542 상대（하）（相對） 名 相手
543 상상（되, 하）（想像） 名 想像
544 상자（箱子） 名 箱、ケース
545 상처（傷處） 名 傷
546 상품（商品） 名 商品
547 새 名 鳥
548 새끼 名 動物の子、野郎
549 새로 副 新たに
550 새벽 名 暁、未明
551 새해 名 新年
552 색（色） 名 色
553 색깔（色—） 名 色彩
554 생각 名 考え、思い、気持ち
555 생선（生鮮） 名 （食物としての）魚
556 생신（生辰） 名 お誕生日
557 생일（生日） 名 誕生日
558 생활（하）（生活） 名 生活
559 서로 名 互い、双方、両方
560 서비스 名 サービス
561 서양（西洋） 名 西洋
562 서점（書店） 名 書店、本屋
563 서쪽（西—） 名 西、西側、西の方
564 선물（하）（膳物） 名 プレゼント、お土産
565 선배（先輩） 名 先輩
566 선생님（先生） 名 先生
567 선수（選手） 名 選手
568 선택（되, 하）（選擇） 名 選択
569 설명（되, 하）（說明） 名 説明
570 설탕（屑糖・雪糖） 名 砂糖
571 섬 名 島
572 성（姓） 名 姓
573 성격（性格） 名 性格
574 성공（되, 하）（成功） 名 成功

575 성적 (成績) 图 成績
576 성함 (姓銜) 图 お名前 (이름の尊敬)
577 세계 (世界) 图 世界
578 세금 (稅金) 图 税金
579 세기 (世紀) 图 世紀
580 세상 (世上) 图 世の中、世間、社会
581 세수 (하) (洗手) 图 洗面、洗顔
582 세탁 (되, 하) (洗濯) 图 洗濯
583 센터 图 センター
584 센티미터 图 センチメートル (cm)
585 소 图 牛
586 소개 (되, 하) (紹介) 图 紹介
587 소금 图 塩、食塩
588 소녀 (少女) 图 少女
589 소년 (少年) 图 少年
590 소리 图 声、音、話
591 소문 (所聞) 图 うわさ、評判
592 소설 (小說) 图 小説
593 소스 图 ソース
594 소식 (消息) 图 消息、便り、知らせ、手紙
595 소주 (燒酎) 图 焼酎
596 속 图 中、中身、腹、心中、胸中
597 속도 (速度) 图 速度
598 손 图 手
599 손가락 图 (手の) 指
600 손녀 (孫女) 图 孫娘
601 손님 图 お客さん
602 손목 图 手首
603 손바닥 图 手のひら
604 손수건 (—手巾) 图 ハンカチ
605 손자 (孫子) 图 (男の) 孫
606 손톱 图 手の爪
607 쇼핑 (하) 图 ショッピング
608 수건 (手巾) 图 タオル、手ぬぐい
609 수박 图 スイカ
610 수술 (하) (手術) 图 手術
611 수염 (鬚髥) 图 ひげ
612 수영 (하) (水泳) 图 水泳、スイミング
613 수요일 (水曜日) 图 水曜日
614 수입 (收入) 图 収入
615 수입 (되, 하) (輸入) 图 輸入
616 수출 (되, 하) (輸出) 图 輸出
617 수학 (數學) 图 数学、算数
618 숙소 (宿所) 图 宿所、宿
619 숙제 (하) (宿題) 图 宿題
620 순간 (瞬間) 图 瞬間
621 순서 (順序) 图 順序
622 숟가락 图 さじ、スプーン
623 술 图 酒
624 술자리 图 酒席、酒の席
625 술집 图 飲み屋
626 숨 图 息、呼吸
627 숫자 图 数字
628 숲 图 森、林、茂み、やぶ
629 슈퍼마켓 图 スーパーマーケット
630 스스로 副 自ら、自分で、自然と
631 스케이트 图 スケート
632 스키 图 スキー
633 스타 图 スター
634 스타일 图 スタイル
635 스포츠 图 スポーツ
636 습관 (習慣) 图 習慣
637 시 (市) 图 市 (し)
638 시간 (時間) 图 時間、時刻、~時間
639 시계 (時計) 图 時計
640 시골 图 田舎
641 시대 (時代) 图 時代、時世
642 시민 (市民) 图 市民
643 시설 (하) (施設) 图 施設、設置すること
644 시월 (十月) 图 10月
645 시작 (始作) 图 始め、始まり
646 시장 (市場) 图 市場、市、マーケット
647 시청 (市廳) 图 市庁、市役所
648 시험 (하) (試驗) 图 試験、テスト
649 식당 (食堂) 图 食堂
650 식물 (植物) 图 植物
651 식사 (하) (食事) 图 食事
652 식초 (食酢) 图 食用の酢
653 식탁 (食卓) 图 食卓
654 신 图 履き物、靴
655 신문 (新聞) 图 新聞
656 신발 图 履き物、靴
657 신호 (하) (信號) 图 信号、合図
658 신호등 (信號燈) 图 信号
659 실례 (되, 하) (失禮) 图 失礼
660 실수 (하) (失手) 图 失敗、失策、ミス

661 심리 (心理) 名 心理
662 심부름 (하) 名 お使い
663 십이월 (十二月) 名 12月
664 십일월 (十一月) 名 11月
665 싸움 (하) 名 戦い、喧嘩
666 쌀 名 米
667 쓰레기 名 ごみ
668 씨 名 種、血筋、もと
669 씨름 (하) 名 シルム、朝鮮相撲、真剣に取り組むこと

○

670 아가씨 名 お嬢さん
671 아기 名 赤ちゃん、赤ん坊
672 아까 副 さっき
673 아나운서 名 アナウンサー
674 아내 名 妻、家内
675 아들 名 息子、せがれ
676 아래 名 下、下の方、下部
677 아랫사람 名 目下の人
678 아마 [도] 副 おそらく、多分
679 아무것 名 何、何（も～ない）
680 아무래도 副 どうしても、やはり
681 아무리 副 どんなに、いくら
682 아버님 名 お父様
683 아버지 名 父、お父さん
684 아빠 名 パパ、お父ちゃん、父さん
685 아이 名 子供
686 아이스크림 名 アイスクリーム
687 아저씨 名 おじさん
688 아주 副 とても、非常に、完全に、すっかり
689 아주머니 名 おばさん、奥さん、おかみさん
690 아줌마 名 おばさん、おばちゃん
691 아직 副 まだ、いまだに、なお、やはり
692 아침 名 朝、朝食
693 아파트 名 マンション
694 아픔 名 痛み
695 악기 (樂器) 名 楽器
696 악수 (하) (握手) 名 握手
697 안 名 中、内
698 안경 (眼鏡) 名 眼鏡
699 안전 (하) (安全) 名 安全
700 알 名 卵、実、玉、
701 앞 名 前、先、将来
702 앞길 名 前の道、前途、将来
703 앞뒤 名 前後ろ、裏表
704 애인 (愛人) 名 恋人
705 야구 (野球) 名 野球
706 야채 (野菜) 名 野菜
707 약 (藥) 名 薬
708 약 (約) 名 約、およそ
709 약간 (若干) 名 若干、いくらか
710 약국 (약방) (藥局) 名 薬局
711 약속 (되, 하) (約束) 名 約束
712 양 (量) 名 量
713 양말 (洋襪・洋韈) 名 靴下
714 양배추 (洋—) 名 キャベツ
715 양복 (洋服) 名 スーツ、背広
716 양쪽 (兩—) 名 両方、両側、双方
717 양파 (洋—) 名 タマネギ
718 어깨 名 肩
719 어느새 副 いつのまにか
720 어려움 名 困難、難しさ
721 어른 名 大人、目上の人
722 어린애 名 幼児
723 어린이 名 子供、児童
724 어머니 名 母、お母さん
725 어머님 名 お母さま
726 어서 副 はやく、どうぞ、さあ
727 어제 名 昨日
728 어젯밤 名 昨晩
729 언니 名 姉（妹から見た）姉
730 언제나 副 いつも、しょっちゅう
731 언젠가 副 いつか
732 얼굴 名 顔、体面、面目、表情
733 얼른 副 早い、すぐ、素早く
734 얼마 名 いくら（値段、量）、いくらか
735 얼마나 副 どれくらい、どんなに、いくらぐらい
736 얼음 名 氷
737 엄마 名 ママ、お母ちゃん、母さん
738 업무 (業務) 名 業務
739 없이 副 ～なしに
740 엊그제 名 2～3日前、数日前（엊그저께の凝縮形）
741 엘리베이터 名 エレベーター

742 여관 (旅館) 名 旅館
743 여권 (旅券) 名 旅券、パスポート
744 여름 名 夏
745 여성 (女性) 名 女、女性
746 여유 (餘裕) 名 余裕、ゆとり
747 여자 (女子) 名 女、女性
748 여행 (하) (旅行) 名 旅行
749 역 (驛) 名 駅
750 역사 (歷史) 名 歴史
751 역시 (亦是) 副 やはり、やっぱり
752 역할 (役割) 名 役割、役目
753 연구 (되, 하) (硏究) 名 研究
754 연기 (煙氣) 名 煙
755 연기 (하) (演技) 名 演技
756 연락처 (連絡處) 名 連絡先
757 연세 (年歲) 名 お年
758 연습 (하) (練習) 名 練習
759 연휴 (連休) 名 連休
760 열 (熱) 名 熱、かっかすること
761 열쇠 名 鍵
762 열심히 (熱心—) 副 熱心に、一生懸命に
763 영국 (英國) 名 イギリス、英国
764 영어 (英語) 名 英語
765 영화 (映畵) 名 映画
766 옆 名 横、そば、隣
767 예 (例) 名 例
768 예금 (되, 하) (預金) 名 預金
769 예술 (藝術) 名 芸術
770 예약 (되, 하) (豫約) 名 予約
771 예정 (되, 하) (豫定) 名 予定
772 옛날 名 昔
773 오늘 名 今日
774 오래 副 長く、久しく
775 오래간만 名 久しぶり
776 오랫동안 名 長い間
777 오른쪽 名 右、右側
778 오빠 名 兄 (妹からみた)
779 오월 (五月) 名 5月
780 오이 名 キュウリ
781 오전 (午前) 名 午前
782 오직 副 ただ、ひたすら、ひとえに
783 오징어 名 イカ、スルメイカ
784 오후 (午後) 名 午後
785 온도 名 温度
786 올림픽 名 オリンピック
787 올해 名 今年
788 옷 名 服
789 왕 (王) 名 王
790 왜 副 なぜ、どうして
791 왜냐하면 副 なぜならば、なぜかというと
792 왠지 副 なぜだか
793 외국 (外國) 名 外国
794 외국어 (外國語) 名 外国語
795 외국인 (外國人) 名 外国人
796 왼쪽 名 左、左側
797 요금 (料金) 名 料金
798 요리 (하) (料理) 名 料理
799 요새 名 近頃、最近
800 요일 (曜日) 名 曜日
801 요즘 名 近頃、最近
802 욕실 (浴室) 名 浴室、風呂
803 우선 (于先) 副 まず、ともかく
804 우유 (牛乳) 名 牛乳
805 우체국 (郵遞局) 名 郵便局
806 우표 (郵票) 名 郵便切手、切手
807 운동 (하) (運動) 名 運動
808 운동장 (運動場) 名 運動場
809 운전 (되, 하) (運轉) 名 運転
810 울음 名 泣くこと、泣き
811 웃음 名 笑い、笑み
812 원 名 ウォン (通貨単位)
813 원래 (元來) 副 元来、はじめから、そもそも、もともと
814 원숭이 名 サル
815 월요일 (月曜日) 名 月曜日
816 위 名 上、上の方、上部
817 위반 (되, 하) (違反) 名 違反
818 위험 (하) (危險) 名 危険
819 유럽 名 ヨーロッパ、欧州
820 유리 (琉璃) 名 ガラス
821 유월 (六月) 名 6月
822 유치원 (幼稚園) 名 幼稚園
823 유학 (하) (留學) 名 留学
824 유행 (되, 하) (流行) 名 流行、はやり
825 은행 (銀行) 名 銀行
826 음료수 (飮料水) 名 飲み水、飲みもの
827 음식 (飮食) 名 食べ物

828 음악 (音樂) 名 音楽
829 의견 (意見) 名 意見
830 의미 (하) (意味) 名 意味、意義、わけ
831 의사 (醫師) 名 医者、医師
832 의자 (椅子) 名 椅子
833 이 名 歯
834 이따가 副 のちほど
835 이때 名 この時、今
836 이렇게 副 このように
837 이름 名 名前
838 이마 名 額
839 이모 (姨母) 名 おば (母の姉妹)
840 이미 副 すでに、とうに
841 이미지 名 イメージ
842 이번 (―番) 名 今回
843 이불 名 布団
844 이사 (하) (移徙) 名 引越し、移転
845 이상 (以上) 名 以上
846 이야기 名 話、物語
847 이외 (以外) 名 以外
848 이용 (되, 하) (利用) 名 利用
849 이웃 名 隣、近所
850 이월 (二月) 名 2月
851 이유 (理由) 名 理由
852 이익 (利益) 名 利益、もうけ、得
853 이전 (以前) 名 以前
854 이제 副 今、もうすぐ、もう、すでに
855 이틀 名 二日、両日
856 이하 (以下) 名 以下
857 이해 (하) (理解) 名 理解
858 이후 (以後) 名 以後
859 인간 (人間) 名 人間、やつ
860 인구 (人口) 名 人口
861 인기 (人氣) 名 人気
862 인사 (하) (人事) 名 挨拶
863 인상 (印象) 名 印象
864 인생 (人生) 名 人生、生涯
865 인터넷 名 インターネット
866 일 名 仕事、用事、こと、事件
867 일기예보 (日氣豫報) 名 天気予報
868 일기 (日記) 名 日記
869 일반 (一般) 名 一般
870 일본 (日本) 名 日本
871 일본어 (日本語) 名 日本語
872 일부 (一部) 名 一部
873 일요일 (日曜日) 名 日曜日
874 일월 (一月) 名 1月
875 일찍 副 早く
876 임금 (賃金) 名 賃金
877 입 名 口
878 입구 (入口) 名 入り口
879 입술 名 唇
880 입원 (하) (入院) 名 入院
881 입학 (하) (入學) 名 入学
882 잎 名 葉

ㅈ

883 자격 (資格) 名 資格
884 자기 (自己) 名 自己、自分、君、お前
885 자꾸 副 しきりに、何度も
886 자꾸만 副 しきりに、何度も
887 자동 (自動) 名 自動
888 자동차 (自動車) 名 自動車
889 자료 (資料) 名 資料
890 자리 名 席、座席、場所
891 자식 (子息) 名 子息、子供
892 자신 (自身) 名 自分、自身
893 자신 (自信) 名 自信
894 자연 (自然) 名 自然
895 자유 (自由) 名 自由
896 자전거 (自轉車) 名 自転車
897 자주 副 しょっちゅう、しばしば
898 자체 (自體) 名 自体
899 작가 (作家) 名 作家
900 작년 (昨年) 名 昨年、去年
901 잔 (盞) 名 杯、小さい茶わん
902 잘 副 上手に、十分に、無事に、よく、正しく
903 잘못 名 過ち、誤り、間違い
904 잠 名 眠り
905 잠깐 名 しばらくの間、しばらく
906 잠시 (暫時) 名 しばらくの間、しばらく
907 잠옷 名 寝巻き、パジャマ
908 잡지 (雜誌) 名 雑誌
909 장갑 (掌甲・掌匣) 名 手袋
910 장남 (長男) 名 長男
911 장사 (하) 名 商売
912 장소 (場所) 名 場所

913 재료 (材料) 名 材料
914 재미 名 楽しさ、面白さ、興味
915 재산 (財産) 名 財産
916 재작년 (再昨年) 名 一昨年
917 저고리 名 チョゴリ（民族衣装の上着）
918 저녁 名 夕方、夕食
919 저렇게 副 あのように、あんなに
920 적극 [적] (積極 [的]) 名 積極的に
921 전 (前) 名 前
922 전공 (하) (專攻) 名 専攻
923 전국 (全國) 名 全国
924 전기 (電氣) 名 電気
925 전날 (前—) 名 前日、先日
926 전문 (專門) 名 専門
927 전부 (全部) 名 全部、全て
928 전자 (電子) 名 電子
929 전쟁 (하) (戰爭) 名 戦争、いくさ
930 전철 (電鐵) 名 電車
931 전체 (全體) 名 全体、全部
932 전통 (傳統) 名 伝統
933 전혀 (全—) 副 まったく、全然、ひとつも、少しも
934 전화 (하) (電話) 名 電話
935 전화번호 (電話番號) 名 電話番号
936 절 名 寺
937 절 (하) 名 お辞儀、会釈
938 절대 [로] (絶對) 名 絶対［に］
939 점 (点) 名 点
940 점심 (点心) 名 お昼、昼食
941 점원 (店員) 名 店員
942 점점 (漸漸) 副 だんだんと、徐々に、次第に
943 점차 (漸次) 副 だんだんと、徐々に、次第に
944 접시 名 皿
945 젓가락 名 箸
946 정 (情) 名 情
947 정도 (程度) 名 程度、くらい、ほど
948 정류장 (停留場) 名 停留場、停留所
949 정리 (되, 하) (整理) 名 整理
950 정말 (正—) 名 本当、本当に
951 정말로 (正—) 副 本当に、誠に、間違いなく、実際
952 정보 (情報) 名 情報
953 정신 (精神) 名 精神、心、魂、意識
954 정치 (政治) 名 政治
955 정확 (하) (正確) 名 正確
956 제대로 副 思いどおりに、まともに、きちんと
957 제목 (題目) 名 題目、標題、タイトル
958 제법 副 なかなか、かなり
959 제일 (第一) 名 一番、最も
960 제품 (製品) 名 製品
961 조건 (條件) 名 条件
962 조금 副 ちょっと、少し、やや
963 조금씩 副 少しずつ
964 조사 (되, 하) (調査) 名 調査
965 조카 名 甥、姪
966 졸업 (하) (卒業) 名 卒業
967 좀 副 少し、ちょっと、しばらく
968 종교 (宗教) 名 宗教
969 종류 (種類) 名 種類
970 종이 名 紙
971 종합 (되, 하) (綜合) 名 総合
972 주 (週) 名 週
973 주로 (主—) 副 主に、主として
974 주말 (週末) 名 週末
975 주머니 名 巾着、財布、袋、ポケット
976 주먹 名 こぶし、げんこつ
977 주변 (周邊) 名 周辺
978 주부 (主婦) 名 主婦
979 주사 (하) (注射) 名 注射
980 주소 (住所) 名 住所
981 주스 名 ジュース
982 주위 (周圍) 名 周囲
983 주인 (主人) 名 主人、持ち主
984 주인공 (主人公) 名 主人公
985 주제 (主題) 名 主題
986 죽음 名 死
987 준비 (되, 하) (準備) 名 準備
988 줄 名 綱、縄、列、線、行、縁
989 중 (中) 名 中、中間、内
990 중간 (中間) 名 中間
991 중국 (中國) 名 中国
992 중심 (中心) 名 中心
993 중요 (하) (重要) 名 重要
994 중학교 (中學校) 名 中学校
995 쥐 名 ネズミ

996 지갑 (紙匣) 名 財布
997 지구 (地球) 名 地球
998 지금 (只今) 名 今、ただ今
999 지난달 名 先月
1000 지난번 名 前回、この間
1001 지난주 (—週) 名 先週
1002 지난해 名 昨年
1003 지도 (地圖) 名 地図
1004 지도 (되, 하) (指導) 名 指導
1005 지방 (地方) 名 地方
1006 지붕 名 屋根
1007 지역 (地域) 名 地域
1008 지우개 名 消しゴム
1009 지하 (地下) 名 地下
1010 지하철 (地下鐵) 名 地下鉄
1011 직업 (職業) 名 職業
1012 직원 (職員) 名 職員
1013 직장 (職場) 名 職場
1014 진짜 (眞—) 名 本物、本当
1015 질 (質) 名 質
1016 질문 (하) (質問) 名 質問
1017 짐 名 荷物、負担、やっかいなこと
1018 집 名 家、家庭、店
1019 집안 名 身内、一族
1020 집중 (되, 하) (集中) 名 集中
1021 쪽 / 페이지 名 ページ
1022 찌개 名 鍋料理

ㅊ

1023 차 (車) 名 車、自動車
1024 차 (茶) 名 お茶
1025 차례 (次例) 名 順序、順番、目次
1026 차이 (差異) 名 差異、相違、差、違い、ずれ
1027 찬물 名 冷たい水、冷や水
1028 참 副 本当、本当に、まことに、実に、とても
1029 참기름 名 ごま油
1030 창문 (窓門) 名 窓
1031 책 名 本、書物
1032 책가방 (冊—) 名 ランドセル、学生カバン
1033 책방 (冊房) 名 本屋、書店
1034 책상 (冊床) 名 机、デスク
1035 책임 (責任) 名 責任
1036 처음 名 最初、初めて
1037 천천히 副 ゆっくり（と）
1038 첫날 名 初日
1039 청년 (青年) 名 青年、若者
1040 청소 (하) (清掃) 名 清掃、掃除
1041 청소기 (清掃機) 名 掃除機
1042 체육 (體育) 名 体育、スポーツ
1043 초 (秒) 名 秒
1044 초대 (되, 하) (招待) 名 招待
1045 초등학교 (初等學校) 名 小学校
1046 초록 (색) (草緑 (色)) 名 緑色
1047 초밥 (醋—) 名 すし
1048 초콜릿 名 チョコレート
1049 최고 (最高) 名 最高
1050 최근 (最近) 名 最近
1051 최대 (最大) 名 最大
1052 최초 (最初) 名 最初
1053 축구 (蹴球) 名 サッカー
1054 축제 (祝祭) 名 祝祭、祭り
1055 축하 (하) (祝賀) 名 祝賀、祝い
1056 출구 (出口) 名 出口
1057 출근 (하) (出勤) 名 出勤
1058 출발 (되, 하) (出發) 名 出発
1059 출입 (하) (出入) 名 出入り
1060 출장 (하) (出張) 名 出張
1061 춤 名 踊り
1062 충격 (衝擊) 名 衝撃
1063 취미 (趣味) 名 趣味、興味、好み
1064 취소 (되, 하) (取消) 名 取り消し
1065 취직 (되, 하) (就職) 名 就職
1066 층 (層) 名 層、階層、（建物の）階
1067 치료 (되, 하) (治療) 名 治療
1068 치마 名 スカート、チマ
1069 치약 (齒藥) 名 歯磨き粉
1070 치즈 名 チーズ
1071 친구 (親舊) 名 友達
1072 친절 (하) (親切) 名 親切
1073 친척 (親戚) 名 親戚、親類、身内
1074 칠월 (七月) 名 7月
1075 침대 (寢臺) 名 寝台、ベット

ㅋ

1076 카드 名 カード

1077 카레 名 カレー、カレーライス
1078 카메라 名 カメラ
1079 카페 名 カフェ、コーヒーショップ
1080 칼 名 ナイフ、刃物
1081 커피 名 コーヒー
1082 컴퓨터 名 コンピュータ
1083 컵 名 コップ
1084 코 名 鼻
1085 콘서트 名 コンサート
1086 콜라 名 コーラ
1087 크기 名 大きさ、サイズ
1088 큰길 名 大通り
1089 큰소리 名 大声、大言、大口
1090 큰일 名 重大なこと、たいへんなこと
1091 키 名 身長、背
1092 킬로그램 名 キログラム（Kg）
1093 킬로미터 名 キロメートル（Km）

ㅌ

1094 태권도（跆拳道） 名 テコンドー
1095 태도（態度） 名 態度、様子、身構え
1096 태양（太陽） 名 太陽
1097 태풍（颱風） 名 台風
1098 택시 名 タクシー
1099 탤런트 名 タレント
1100 턱 名 あご
1101 털 名 毛、ひげ、毛糸、ウール
1102 테니스 名 テニス
1103 테스트 名 テスト
1104 테이블 名 テーブル
1105 테이프 名 テープ
1106 토끼 名 ウサギ
1107 토론（되, 하）（討論） 名 討論
1108 토마토 名 トマト
1109 토요일（土曜日） 名 土曜日
1110 통일（되, 하）（統一） 名 統一
1111 퇴근（하）（退勤） 名 退勤、退社
1112 특별（하）（特別） 名 特別
1113 특징（特徵） 名 特徴
1114 특히（特—） 副 特に
1115 티셔츠 名 Tシャツ
1116 팀 名 チーム

ㅍ

1117 파 名 ネギ
1118 파도（波濤） 名 波
1119 파티 名 パーティー
1120 판단（하）（判斷） 名 判断
1121 판매（되, 하）（販賣） 名 販売
1122 팔 名 腕
1123 팔월（八月） 名 8月
1124 팬티 名 パンツ、パンティー、ブリーフ
1125 퍼센트 名 パーセント（%）
1126 편지（하）（便紙） 名 手紙
1127 평일（平日） 名 平日
1128 평화（平和） 名 平和
1129 포기（되, 하）（抛棄） 名 放棄
1130 포도（葡萄） 名 葡萄（ぶどう）
1131 포스터 名 ポスター
1132 폭（幅） 名 幅、範囲
1133 표（票） 名 切符、チケット、票、券
1134 표정（表情） 名 表情、顔つき
1135 표현（되, 하）（表現） 名 表現
1136 풀 名 草
1137 풀 名 糊
1138 프로 名 プロ（프로페셔널の縮約形）
1139 프로 名 番組（프로그램の縮約形）
1140 프로그램 名 プログラム、番組
1141 피 名 血、血液
1142 피부（皮膚） 名 皮膚、肌
1143 피아노 名 ピアノ
1144 필요（하）（必要） 名 必要

ㅎ

1145 하늘 名 天、空
1146 하루 名 一日
1147 하지만 副 しかし、けれども
1148 학교（學校） 名 学校
1149 학기（學期） 名 学期、～学期
1150 학년（學年） 名 学年、～年生
1151 학생（學生） 名 学生、生徒、児童
1152 학습（되, 하）（學習） 名 学習
1153 한국（韓國） 名 韓国
1154 한국말（韓國—） 名 韓国語
1155 한국어（韓國語） 名 韓国語
1156 한글 名 ハングル

1157 한꺼번에 副 一度に、一緒に
1158 한동안 名 一時、しばらくの間
1159 한번 (—番) 名 一回、一度
1160 한숨 名 一息、一休み、ひと眠り、ため息
1161 한자 (漢字) 名 漢字
1162 한잔 (—盞) 名 一杯
1163 한참 名 しばらく、はるかに、ずっと
1164 한편 (—便) 名 一方、同じ味方
1165 할머니 名 おばあさん
1166 할아버지 名 おじいさん
1167 함께 副 いっしょに、共に
1168 함부로 副 むやみに、やたらに
1169 합격 (되, 하) (合格) 名 合格
1170 항상 (恒常) 副 いつも、常に
1171 해 名 太陽、年、一年、~年
1172 해결 (되, 하) (解決) 名 解決
1173 해외 (海外) 名 海外、外国
1174 햇빛 名 日の光、日の目
1175 행동 (하) (行動) 名 行動
1176 행복 (하) (幸福) 名 幸福
1177 행사 (行事) 名 行事、催し、イベント
1178 허리 名 腰
1179 현금 (現金) 名 現金
1180 현대 (現代) 名 現代
1181 현재 (現在) 名 現在
1182 형 (兄) 名 (弟から見た) 兄、兄さん、先輩
1183 형님 (兄—) 名 お兄さん
1184 형제 (兄弟) 名 兄弟
1185 호 (號) 名 号
1186 호랑이 (虎狼—) 名 虎、非常に恐ろしい人
1187 호주 (濠洲) 名 オーストラリア
1188 호텔 名 ホテル
1189 혹은 (或—) 副 あるいは
1190 혼자 副 一人、単独で
1191 홈페이지 名 ホームページ
1192 홍차 (紅茶) 名 紅茶
1193 화 (火) 名 怒り、憤り
1194 화요일 (火曜日) 名 火曜日
1195 화장실 (化粧室) 名 トイレ、化粧室
1196 확인 (되, 하) (確認) 名 確認
1197 환경 (環境) 名 環境
1198 환영 (하) (歡迎) 名 歓迎
1199 환자 (患者) 名 患者、病人
1200 활동 (하) (活動) 名 活動
1201 회사 (會社) 名 会社
1202 회원 (會員) 名 会員
1203 회의 (하) (會議) 名 会議
1204 회장 (會長) 名 会長
1205 효과 (效果) 名 効果、効き目
1206 후 (後) 名 あと、のち
1207 후배 (後輩) 名 後輩
1208 후춧가루 名 こしょう
1209 훨씬 副 ずっと、はるかに
1210 휴가 (休暇) 名 休暇、休み
1211 휴일 (休日) 名 休日、休み
1212 휴지 (休紙) 名 ちり紙、鼻紙
1213 휴지통 (休紙桶) 名 ゴミ箱、くずかご
1214 흙 名 土、泥
1215 흥미 (興味) 名 興味
1216 희망 (하) (希望) 名 希望、望み
1217 힘 名 力

監修

ひろば語学院

著者

丹羽裕美（にわひろみ）

東京外国語大学大学院博士後期課程。日本学術振興会 ITP にて韓国外国語大学派遣。
ひろば語学院院長、白百合女子大学ほか非常勤講師。東京外国語大学オープンアカデミー、慶應外語講師。ハングル能力検定協会理事。

申貞恩（しんじょんうん）

筑波大学大学院人文社会科学研究科博士後期課程国際日本研究専攻修了
博士（学術）
筑波大学人文社会系助教

わかる韓国語　初中級

2024年 4 月 20 日　初版 1 刷発行

著　者　丹羽裕美・申貞恩

DTP・印刷・製本　株式会社フォレスト

発行　駿河台出版社
〒101-0062　東京都千代田区神田駿河台 3-7
TEL：03-3291-1676　FAX：03-3291-1675
www.e-surugadai.com

発行人　上野名保子

Printed in Japan　ISBN978-4-411-03166-2　C1087

監修　ひろば語学院

丹羽裕美・申貞恩 著

わかる韓国語

初中級

別冊解答

駿河台出版社
SURUGADAI SHUPPANSHA

第 1 課

基本会話

A：今日一緒に新羅博物館に行きましょうか。
B：今日は雨が降っているので週末に行きましょう。
A：はい、良いです。

文法と練習 문법 사항

練習 1 (1) 막내 [망내]　(2) 거짓말 [거진말]
(3) 한국말 [한궁말]　(4) 십년 [심년]

練習 2 (1) 한류 [할류]　(2) 설날 [설랄]
(3) 관람 [괄람]　(4) 실내 [실래]

練習 3 (1) A：갈까요
B：갑시다 / 가요
(2) A：앉을까요
B：앉읍시다 / 앉아요
(3) A：만들까요
B：만듭시다 / 만들어요
(4) A：만날까요
B：만납시다 / 만나요

練習 4 (1) 눈이 내리니까 운전을 조심하세요.
(2) 공항까지 머니까 택시를 타세요.
(3) 바람이 부니까 문을 닫으세요.
(4) 밖에서 놀았으니까 손을 씻으세요.

練習 5 (1) 내일 시험이니까 공부해요.
(2) 비가 오니까 빨래를 걷어요.
(4) 식사를 했으니까 이를 닦아요.
(5) 늦었으니까 이제 집에 가요.

応用活動 응용활동

듣기 聞き取り

소연：민수 씨, 오랜만이에요. 잘 지냈어요?
민수：네, 잘 지냈어요.
소연：혹시 주말에 시간 있어요? 전부터 한강에 한번 가고 싶었어요.
민수：평일은 어때요? 주말에는 항상 사람이 많으니까요.

ソヨン：ミンスさん、久しぶりです。お元気でしたか。
ミンス：はい、元気でした。

ソヨン：もしかして週末に時間がありますか。前から漢江に一度行きたかったんです。
ミンス：平日はどうですか。週末はいつも人が多いからです。

問題 2 1）한강에 가기로 했어요. / 한강에 가기로 했습니다.
2）주말에는 항상 사람이 많으니까요.

第 2 課

基本会話

A：明日時間あったら一緒に映画見に行きましょうか。
B：ごめんなさい。宿題があるので勉強しなければなりません。
A：そうですか? では次回行きましょう。

文法と練習 문법 시항

練習 1
(1) 내일이라면 시간이 있어요.
(2) 시험이 끝나면 같이 놀러 가요.
(3) 늦게 자면 다음 날 피곤해요.
(4) 머리가 아프면 쉬세요.

練習 2
(1) 열심히 운동해야 해요.
(2) 약속을 지켜야 해요.
(3) 한글로 써야 해요.
(4) 문을 열어야 해요.

練習 3
(1) 해야 해요
(2) 만나야 해요
(3) 가야 해요

練習 4
(1) 감기에 걸려서 목이 아파요.
(2) 은행에 가서 돈을 찾아요.
(3) 내일은 약속이 있어서 못 가요.
(4) 어제 김밥을 만들어서 먹었어요.
(5) 늦어서 미안해요.

練習 5
(1) 나서요
(2) 슬퍼서요
(3) 마셔서요
(4) 있어서요

応用活動 응용활동

듣기 聞き取り

효근 : 주안 씨, 내일 백화점에 가서 쇼핑해요.
주안 : 그렇게 하고 싶지만 한국에서 친구가 와서
공항에 가야 해요.
효근 : 그래요? 그럼 다음에 가요.
주안 : 네. 친구가 서울에 돌아가면 같이 쇼핑하러 가요.

ヒョグン：ジュアンさん、明日デパートに行ってショッピングしましょう。
ジュアン：そうしたいけど韓国から友達が来て空港に行かなければなりません。
ヒョグン：そうですか。では今度行きましょう。
ジュアン：はい。友達がソウルに帰ったら一緒にショッピングしに行きましょう。

問題 2 1）한국에서 친구가 와서 공항에 가야 해요. / 한국에서 친구가 와서 공항에 가야 합니다.
2）친구가 서울에 돌아가면 쇼핑하러 가요. / 친구가 서울에 돌아가면 쇼핑하러 갑니다.

第 3 課

基本会話

お客：運転手さん、9時までにソウル駅に到着できるでしょうか。
運転手：どうでしょう。今出勤時間なので道がちょっと混んでいて。
お客：そうですか。では他の道で行ってください。

練習 1
(1) 김치를 먹을 수 있어요?
(2) 여기에는 주차할 수 없어요.
(3) 극장에는 여섯 시부터 들어갈 수 있어요.
(4) 이 책상은 너무 커서 혼자서는 들 수 없어요.

練習 2
(1) 중국인 친구와 살기 때문에 중국어를 잘 알아요.
(2) 제 책이 아니기 때문에 빌려 줄 수 없어요.
(3) 밖이 시끄럽기 때문에 창문을 닫았어요.
(4) 출입금지이기 때문에 여기에 들어갈 수 없어요.
(5) 눈 때문에 앞이 안 보여요.

練習 3
(1) 주었어요 / 줬어요
(2) 주었어요 / 줬어요
(3) 드렸어요
(4) 주셨어요

練習 4
(1) 한국말을 (한국어를) 가르쳐 주었어요 / 줬어요
(2) 그림을 그려 주었어요 / 줬어요

(3) 회사를 소개해 주셨어요
(4) 요리를 해 드렸어요

練習 5 (1) A：서울을 안내해 주세요.
B：네, 안내해 드리겠습니다.
(2) A：사진을 찍어 주세요.
B：네, 찍어 드리겠습니다.
(3) A：이것도 포장해 주세요.
B：네, 포장해 드리겠습니다.

応用活動 응용활동

듣기 聞き取り

이웃집 사람：어디 가세요?
나：신발 사러 시장에 가요. 백화점보다 싸기 때문에 자주 가요.
이웃집 사람：시장에서도 신용카드를 쓸 수 있어요?
나：아뇨, 시장에서는 쓸 수 없어요.

隣の家の人：どちらに行かれるんですか。
私：靴を買いに市場に行きます。デパートより安いのでよく行きます。
隣の家の人：市場でもクレジットカードを使えますか。
私：いいえ、市場では使えません。

問題 2 1）시장이 백화점보다 싸기 때문에 자주 가요. / 시장이 백화점보다 싸기 때문에 자주 갑니다.
2）시장에서는 신용카드를 쓸 수 없어요. / 시장에서는 신용카드를 쓸 수 없습니다.

第4課

基本会話

A：あの話聞かれましたか。昨日ジヌさんが賞をもらいました。
B：本当ですか。誰から聞いたのですか。
A：今日課長から聞きました。

練習 1

	Ⅰ型 -고	Ⅱ型 -면	Ⅲ型 -요
걷다 (歩く)	**걷고**	**걸으면**	**걸어요**
듣다 (聞く)	듣고	들으면	들어요
묻다 (尋ねる)	묻고	물으면	물어요
싣다 (積む)	싣고	실으면	실어요
닫다 (閉める)※	닫고	닫으면	닫아요
묻다 ((ヨゴレが) つく)※	묻고	묻으면	묻어요
받다 (受け取る)※	받고	받으면	받아요
믿다 (信じる)※	믿고	믿으면	믿어요

練習 2

(1) 트럭에 짐을 실었어요.
(2) 생일 선물을 받았어요.
(3) 제 말을 믿어 주세요.
(4) 저는 매일 케이팝을 들어요.

練習 3

(1) 앉으시겠어요
(2) 여행을 가시겠어요
(3) 드시겠어요

練習 4

(1) 사장님께서 오셨어요.
(2) 오늘 아침에 신문 읽으셨어요?
(3) 이거 할아버지께서 만드셨어요.
(4) 어제 회사에 가셨어요?

練習 5

(1) 친구한테서 연락이 왔어요?
(2) 선생님께서는 학생한테서 그 이야기를 들으셨어요.
선생님은 학생한테서 그 이야기를 들었어요.
(3) 할머니께서는 손자한테서 꽃을 받으셨어요.

応用活動 응용활동

듣기 聞き取り

후배 : 선배님, <u>점심 식사</u> 하셨어요?
아직이시면 <u>김밥</u> 좀 <u>드시겠어요</u>?
선배 : 와! 맛있겠다. 어디에서 샀어?

후배 : 김밥 전문점에서 샀어요. 걸어서 10분 정도예요.
선배 : 고마워. 잘 먹을게.

後輩：先輩、昼食なさいましたか。
　　　まだでしたらキンパちょっと召し上がりませんか。
先輩：わ！おいしそう！どこで買った？
後輩：キンパの専門店で買いました。歩いて10分程度です。
先輩：ありがとう。いただきます。

問題 2 1）김밥을 드렸어요. / 김밥을 드렸습니다.
2）걸어서 가요. / 걸어서 갑니다.

第5課

基本会話

A：最近韓国ドラマにはまっています。
B：あ、私も韓国ドラマをよく見ています。
A：面白いですよね。
　　いつかドラマの作家になりたいです。

文法と練習 문법 사항

練習 1 (1) 배우고 있어요
(2) 불고 있어요
(3) 찾고 있어요

練習 2 (1) 서 있어요
(2) 피어 있어요
(3) 와 계셨어요

練習 3 (1) 친구가 이쪽으로 오고 있어요.
어제부터 친구가 우리 집에 와 있어요.
(2) 집 값이 떨어지고 있어요.
길에 손수건이 떨어져 있어요.
(3) 지금 지하철 역으로 가고 있어요.
출장으로 중국에 가 있어요.

練習 4 (1) 우리 아들은 안경을 쓰고 있어요.
(2) 선생님께서는 치마를 입고 계세요.
(3) 저는 결혼했어요.
(4) 오빠는 (형은) 할아버지를 닮았어요.

練習 5 (1) 이번 달에 우리 아들이 스무 살이 돼요.
(2) 내년에 남동생이 고등학생이 돼요.

(3) 작년에 여동생이 의사가 됐어요.
(4) 졸업하면 간호사가 되고 싶어요.

応用活動 응용활동

듣기 聞き取り

지현：태수 씨, 지금 어디세요?
태수：지금 도착해서 역 앞에 서 있어요.
지현：그래요? 미안하지만 10분만 기다려 줄 수 있어요?
태수：지현 씨, 무슨 일 있어요?
지현：손님이 오셔서 이야기하고 있어요.
태수：아, 그래요? 알겠어요. 천천히 오세요.

ジヒョン：テスさん、今どちらですか。
テス：今、到着して駅前に立っています。
ジヒョン：そうですか。すみませんが10分だけ待ってくれませんか。
テス：ジヒョンさん、どうかしたんですか。
ジヒョン：お客さんがいらっしゃって話しています。
テス：あっ、そうですか。分かりました。ゆっくり来てください。

問題 2
1）역 앞에 서 있어요. / 역 앞에 서 있습니다.
2）손님과 이야기하고 있어요. / 손님과 이야기하고 있습니다.

第 6 課

基本会話

A：天気がだんだん暑くなりますね。
B：そうです。もうすぐ夏です。
A：夏になるとスイカが思い浮かびます。

文法と練習 문법 사항

練習 1

	Ⅰ型 -고	Ⅱ型 -면	Ⅲ型 -요
춥다 (寒い)	**춥고**	**추우면**	**추워요**
덥다 (暑い)	덥고	더우면	더워요
맵다 (辛い)	맵고	매우면	매워요

밉다 (憎い)	밉고	미우면	미워요
뜨겁다 (熱い)	뜨겁고	뜨거우면	뜨거워요
차갑다 (冷たい)	차갑고	차가우면	차가워요
무겁다 (重い)	무겁고	무거우면	무거워요
가볍다 (軽い)	가볍고	가벼우면	가벼워요
쉽다 (易しい)	쉽고	쉬우면	쉬워요
어렵다 (難しい)	어렵고	어려우면	어려워요
돕다 (手伝う)	돕고	도우면	도와요
잡다 (掴む)※	잡고	잡으면	잡아요
접다 (折る)※	접고	접으면	접어요
입다 (着る)※	입고	입으면	입어요
좁다 (狭い)※	좁고	좁으면	좁아요

練習 2
(1) 맵 / 뜨거워
(2) 무거우
(3) 시끄러워
(4) 추우 / 입으

練習 3
(1) 일이 바빠지다 / 일이 바빠져요
(2) 날씨가 추워지다 / 날씨가 추워져요
(3) 몸이 건강해지다 / 몸이 건강해져요
(4) 머리가 좋아지다 / 머리가 좋아져요

練習 4
(1) 요즘 택시비가 비싸졌어요.
(2) 전보다 시험이 어려워졌어요.
(3) 짐이 무거워졌어요.
(4) 찌개가 매워졌어요.

練習 5
(1) 이 잡채 정말 맛있네요.
(2) 이 요리는 너무 맛없네요.
(3) 집이 머네요.
(4) 전보다 살이 빠졌네요.

応用活動 응용활동

듣기 聞き取り

재근 : 현주 씨, 이사해요?
현주 : 네, 다음 달에 이사해요.
재근 : 어디로 가세요?
현주 : 회사 근처로 가려고요.
재근 : 그럼 저희 집하고도 가까워지네요.
현주 : 맞아요. 앞으로 잘 부탁해요.

ジェグン：ヒョンジュさん、引越しするんですか。
ヒョンジュ：はい、来月に引越しします。
ジェグン：どちらへ行かれますか。
ヒョンジュ：会社の近くへ行こうと思って。
ジェグン：では私の家とも近くなりますね。
ヒョンジュ：そうです。これからよろしくお願いします。

問題 2 1）다음 달에 이사해요. / 다음 달에 이사합니다.
2）회사와 가까워져요. / 회사와 가까워집니다.
（あるいは）재근 씨 집과 가까워져요. / 재근 씨 집과 가까워집니다.

第 7 課

基本会話

A：先週済州島に行きました。
素敵なカフェもあってとても良かったです。
B：本当ですか。私も来月済州島に行くんですよ。
A：そうですか。では、今度その素敵なカフェを教えてあげます。

文法と練習 문법 사항

練習 1 (1) 듣는 노래 (2) 먹는 방법 (3) 끝나는 시간 (4) 사는 곳
(5) 우는 아기 (6) 재미있는 영화 (7) 맛없는 음식

練習 2 (1) 웃는 (2) 보는 (3) 만드는
(4) 계시는 (5) 피우고 있는

練習 3 (1) 많거든요
(2) 약속이 있거든요
(3) 일하거든요
(4) 늦잠을 잤거든요

練習 4 (1) 먼저 갈게요.
(2) 제가 전화를 걸게요.
(3) 이따가 연락할게요.
(4) 일찍 일어날게요.

練習 5 (1) 해외로 전화를 거는 방법을 알려 주세요.
(2) 앞으로 조심할게요.
(3) 요즘 재미있는 영화 있어요?

応用活動 응용활동

듣기 聞き取り

지현：우혁 씨, 내일 같이 영화 보러 가시겠어요?
우혁：영화요?
지현：네, 언니한테서 영화표 2장 받았거든요.
우혁：정말요? 그럼 제가 맛있는 저녁밥을 살게요.
지현：좋아요. 어디서 만날까요?
우혁：오후 3시에 영화관 앞에서 만나요.

ジヒョン：ウヒョクさん、明日一緒に映画見にいかれませんか。
ウヒョク：映画ですか。
ジヒョン：はい、姉から映画のチケット２枚もらったんですよ。
ウヒョク：本当ですか。では私がおいしい夕飯をおごります。
ジヒョン：良いです。どこで会いましょうか。
ウヒョク：午後３時に映画館の前で会いましょう。

問題 2 1）영화표 2장을 줬어요. / 영화표 2장을 줬습니다.
2）맛있는 저녁밥을 사기로 했어요. / 맛있는 저녁밥을 사기로 했습니다.

第 8 課

基本会話

A：ヨンジェさん、今週の日曜日に何をするつもりですか。
B：友達とミュージカルを見に行くつもりです。ヒョンジュさんは。
A：どうでしょう。私はまだ計画がありません。

文法と練習 문법 사항

練習 1 (1) 만날 손님　(2) 먹을 예정　(3) 만들 계획
(4) 슬플 때　(5) 어렸을 때

練習 2 (1) 시작할　(2) 끓일　(3) 살　(4) 먹을　(5) 살

練習 3 (1) (가) 돈을 찾을 겁니다.
(나) 돈을 찾을 거예요.
(2) (가) 친구와 놀 겁니다.
(나) 친구와 놀 거예요.
(3) (가) 사람이 많을 겁니다.
(나) 사람이 많을 거예요.
(4) (가) 이 음식은 매울 겁니다.
(나) 이 음식은 매울 거예요.

練習 4 (1) 있을 거예요
(2) 갈 거예요
(3) 도착할 거예요
(4) 추울 거예요
(5) 한국 사람이 아닐 거예요

練習 5 (1) 일딴　(2) 발쩐　(3) 발딸　(4) 결썩　(5) 다섣깨
(6) 숙쩨　(7) 머글껄　(8) 살찜

応用活動 응용활동

듣기 聞き取り

직장 동료：태희 씨, 휴가 계획 세웠어요?
태희：네, 한국에 갈 거예요.
직장 동료：부러워요! 한국에서 뭘 할 거예요?
태희：한복을 입을 거예요.
직장 동료：참, 축구는 안 볼 거예요?
태희：축구도 보러 갈 거예요.

職場の同僚：テヒさん、休暇の計画たてましたか。
テヒ：はい、韓国に行くつもりです。
職場の同僚：うらやましい！韓国で何をするつもりですか。
テヒ：韓服を着るつもりです。
職場の同僚：そうだ、サッカーは見ないつもりですか。
テヒ：サッカーも見に行くつもりです。

問題 2 한복을 입을 거예요.　축구를 볼 거예요. / 한복을 입고 축구도 볼 거예요.
한복을 입을 겁니다.　축구를 볼 겁니다. / 한복을 입고 축구도 볼 겁니다.

第 9 課

基本会話

A：ジヒョンさん、入社した後に日本に行ったことありますか。
B：いいえ、入社する前には何回か行ったことがあったけれど
　会社員になった後には…。
A：私もそうです。また日本に遊びに行きたいです。

練習 1 ⑴ 읽은 책　⑵ 찍은 사진　⑶ 배운 단어　⑷ 부른 노래
⑸ 만든 빵

練習 2 ⑴ 먹은　⑵ 본　⑶ 만든　⑷ 그린

練習 3 ⑴ 한국 음식을 먹은 적이 있어요.
⑵ 후지산에 올라간 적이 있어요.
⑶ 맥주를 마신 적이 있어요.
⑷ 한국 소설을 읽은 적이 있어요.
⑸ 서울에 산 적이 있어요.

練習 4 ⑴ 졸업한 후에
⑵ 먹은 후에
⑶ 오시기 전에
⑷ 취직하기 전에

応用活動 응용활동

듣기 聞き取り

중국인 유학생：오늘 저녁에는 갈비탕을 먹을 생각이에요.
일본인 유학생：아! 갈비탕이요? 한국에 오기 전에 신오쿠보에서
　한번 먹은 적이 있어요.
중국인 유학생：그럼, 나오 씨는 아직 한국에서 먹은 적이 없어요?
　오늘 같이 먹으러 가요.
일본인 유학생：네, 좋아요.

中国人留学生：今日の夕食にカルビタンを食べるつもりです。
日本人留学生：あっ！カルビタンですか。韓国に来る前に新大久保で
　一度食べたことがあります。
中国人留学生：では、奈央さんはまだ韓国で食べたことないですか。
　今日一緒に食べに行きましょう。
日本人留学生：はい、いいです。

問題 2 1）신오쿠보에서 먹은 적이 있어요. / 신오쿠보에서 먹은 적이 있습니다.
2）갈비탕이에요. / 갈비탕입니다.

第10課

基本会話

A：軽くて良い器ありますか。
B：これどうですか。一度持ってみてください。
A：軽いですね。ほかの物も見てもいいですか。

練習 1 (1) 바쁜 하루　(2) 젊은 사람　(3) 먼 길
(4) 추운 겨울　(5) 중요한 문제　(6) 공무원이신 아버지

練習 2 (1) 긴　(2) 더운　(3) 작은　(4) 큰　(5) 선생님이신

練習 3 (1) 이 넥타이를 매 보세요.
(2) 다시 한번 생각해 보세요.
(3) 이 반찬을 드셔 보세요.
(4) 한글로 이름을 써 보세요.

練習 4 (1) 밥을 남겨도 돼요?
(2) 눈을 떠도 돼요?
(3) 라디오를 꺼도 돼요?
(4) 제가 해도 돼요?

応用活動 응용활동

듣기 聞き取り

점원：어서 오십시오. 자동차 바꾸시려고요?
손님：네, 지금보다 더 큰 차를 사려고요.
점원：요즘 이 차가 인기 있어요.
손님：멋있네요! 한번 타 봐도 돼요?
점원：물론이죠. 타 보세요.

店員：いらっしゃいませ。自動車変えられるおつもりですか。
客：はい、今よりもっと大きい車を買おうと思って。
店員：最近この車が人気あります。
客：素敵ですね！一度乗ってみてもよいですか。
店員：もちろんです。乗ってみてください。

問題 2 1）지금보다 더 큰 차를 사려고 해요. / 지금보다 더 큰 차를 사려고 합니다.
2）요즘 인기 있는 차를 보여 줬어요. / 요즘 인기 있는 차를 보여 줬습니다.

第11課

基本会話

A：昨日食べたピザのせいでお腹こわしたみたいです。
B：大丈夫ですか。顔もむくんでいるようです。
A：どうやら病院に行ってみなければならないようです。

練習 1

	I型 -고	II型 -면	III型 -요
짓다（建てる、（名前を）つける、（薬を）調合する）	**짓고**	**지으면**	**지어요**
젓다（かき混ぜる）	젓고	저으면	저어요
붓다（注ぐ、腫れる，むくむ）	붓고	부으면	부어요
긋다（線を引く）	긋고	그으면	그어요
낫다（治る、より良い、ましだ）	낫고	나으면	나아요
씻다（洗う）※	**씻고**	**씻으면**	**씻어요**
웃다（笑う）※	웃고	웃으면	웃어요
벗다（脱ぐ）※	벗고	벗으면	벗어요

練習 2　(1) 씻으　(2) 지어　(3) 부어　(4) 그으

練習 3　(1) 올　(2) 늦을　(3) 끝날　(4) 나을

練習 4　(1) 없는　(2) 먼　(3) 사는　(4) 사장님이신

練習 5　(1) 눈이 내린　(2) 사고가 난　(3) 만든　(4) 퇴근 안 하신

応用活動 응용활동

듣기 聞き取り

동물 병원 간호사：고양이 너무 예뻐요! 이름이 뭐예요?
유진：모리예요. 저희 아버지께서 지으셨어요.
동물 병원 간호사：고양이와 이름이 잘 어울려요.
유진：감사합니다. 저희 아버지께 전할게요.

動物病院の看護師：猫がとってもかわいいです！名前は何ですか。
ユジン：モリです。うちの父がつけました。
動物病院の看護師：猫と名前がよく似合っています。

ユジン：ありがとうございます。父に伝えます。

問題〈2〉 1）고양이 이름은 모리예요. / 고양이 이름은 모리입니다.
2）아버지는 고양이 이름을 지으셨어요. / 아버지는 고양이 이름을 지으셨습니다.

第12課

基本会話

A：毎朝、運動をしているんだけど、とても大変です。
B：せっかく始めたんだから音楽でも聞きながらしてみてください。
A：はい、そのようにしてみます。

練習 1 (1) 얼굴은 아는데 이름은 모르겠어요.
(2) 그 드라마 재미있는데 왜 안 봐요?
(3) 세일하는데 하나 더 사세요.
(4) 한국말을（한국어를）배우고 있는데 생각보다 어렵네요.

練習 2 (1) 심심한데 산책이라도 갈까요?
(2) 추운데 왜 에어컨을 안 꺼요? / 끄지 않아요?
(3) 한국에 놀러 갈 생각인데 같이 가요.

練習 3 (1) 김 선생님을 만나러 왔는데 계세요?
(2) 한국말을（한국어를）2년 배웠는데 아직 한국에 간 적이 없어요.
(3) 많이 늦었는데 택시를 타고 갈까요?
(4) 사랑했는데 헤어졌어요.

練習 4 (1) 한국 사람인데요 / 일본 사람인데요
(2) 전데요 / 안 계시는데요
(3) 싱거운데요 / 짠데요
(4) 왔는데요 / 버스로 왔는데요

練習 5 (1) 들으면서 (2) 하면서 (3) 일하면서 (4) 살면서

応用活動 응용활동

듣기 聞き取り

회사 동료A：지은 씨한테 무슨 일 있었어요? 울면서 나갔어요.
회사 동료B：저도 오늘 알았는데 지은 씨 다음 주에 회사 그만둬요.
회사 동료A：진짜요?
회사 동료B：부장님한테서 들었어요.
회사 동료A：왜 그만두는데요?
회사 동료B：부모님과 같이 사는데 두 분 다 아프신 것 같아요.

会社の同僚A：ジウンさんに何かありましたか？泣きながら出ていきました。

会社の同僚 B：私も今日知ったんだけどジウンさん来週、会社辞めます。
会社の同僚 A：本当ですか。
会社の同僚 B：部長に聞きました。
会社の同僚 A：なんで辞めるんですか。
会社の同僚 B：ご両親と一緒に暮らしているのですが、お二人とも具合がお悪いようです。

問題 2 1）다음 주에 회사를 그만둬요. / 다음 주에 회사를 그만둡니다.
2）부모님과 같이 살아요. / 부모님과 같이 삽니다.

第 13 課

基本会話

A：うわぁ、ご飯がとてもおいしいです。
ご飯もっと食べたらだめですか。
B：あらら、ご飯炊かなければなりません。
少しだけ待ってください。
A：はい、わかりました。急がないでゆっくりやってください。

練習 1 (1) 뜨거우니까 만지지 마세요.　(2) 내일 약속을 잊지 마세요.
(3) 수업 시간에 졸지 마세요.　(4) 태풍이 오니까 나가지 마세요.

練習 2 (1) 문자를 보내지 말고 전화를 하세요.
(2) 수업 시간에 떠들지 말고 조용히 하세요.
(3) 에어컨을 켜지 말고 옷을 벗으세요.
(4) 화내지 말고 웃으세요.

練習 3 (1) 타면 돼요　(2) 차가운 것 마시면 안 돼요
(3) 피우면 안 돼요　(4) 앉으면 돼요

練習 4 (1) 버려야 돼요　(2) 써야 돼요
(3) 주차해야 돼요　(4) 제출해야 돼요

알아 봅시다!!

(1) (×)
인사를 할 때 아랫사람이 윗사람에게 먼저 인사하는 것이 관례입니다.
挨拶をするとき目下の人が目上の人に先に挨拶するのが慣例です。
(2) (×)
악수를 할 때는 존경을 표하는 의미로 오른손을 왼손으로 받쳐 줘야 합니다.
握手をするときは尊敬を表す意味として右手を左手で添えなければなりません。
(3) (×)
밥을 떠먹을 경우, 반드시 가장자리부터 뜨도록 합시다.
ご飯をすくって食べる場合、必ず端からすくうようにしましょう。
(4) (○)
(5) (○)

応用活動 응용활동

듣기 聞き取り

관광객：부산에 가야 되는데 여기서 어떻게 가요?
호텔 직원：서울역에서 KTX를 타시면 돼요.
관광객：버스 타면 안돼요?
호텔 직원：버스 타시면 시간이 더 걸려요.
관광객：아, 정말요?
호텔 직원：네, 그러니까 버스 타시지 말고 KTX를 타세요.

観光客：釜山に行かなくてはならないんですが、ここからどうやって行きますか。
ホテル職員：ソウル駅からKTXにお乗りになればいいです。
観光客：バスに乗ってはだめですか。
ホテル職員：バスにお乗りになると時間がもっとかかります。
観光客：あ、本当ですか。
ホテル職員：はい、なのでバスにお乗りにならないでKTXに乗ってください。

問題〈2〉 1）KTX를 타고 부산에 가요. / KTX를 타고 부산에 갑니다.
2）버스를 타면 시간이 더 걸려요. / 버스를 타면 시간이 더 걸립니다.

第14課

基本会話

A：先輩、「空が青いです」歌ってください。
B：あ、この間歌った歌？
A：はい、友達が先輩の歌を聞いて喜んでいました。
B：今日も喜んでもらいたいな。

練習 1

	I型 -고	II型 -면	III型 -요
모르다 (知らない)	**모르고**	**모르면**	**몰라요**
다르다 (違う、異なる)	다르고	다르면	달라요
부르다 (歌う、呼ぶ)	부르고	부르면	불러요
자르다 (切る)	자르고	자르면	잘라요
고르다 (選ぶ)	고르고	고르면	골라요
오르다 (上がる)	오르고	오르면	올라요

빠르다 (速い)	빠르고	빠르면	빨라요
따르다 (従う)※	따르고	따르면	따라요
들르다 (立ち寄る)※	들르고	들르면	들러요
이르다 (到着する) 러変	이르고	이르면	이르러요
누르다 (黄色い) 러変	누르고	누르면	누르러요
푸르다 (青い) 러変	푸르고	푸르면	푸르러요

練習 2 (1) 이 버튼을 눌러 주시겠어요? (2) 노래방에서 한국 노래를 불렀어요.
(3) 머리를 잘랐어요? 어울리네요. (4) 작년보다 성적이 올랐어요.

練習 3 (1) 괴로워하 (2) 귀여워해요 (3) 부끄러워하 (4) 가고 싶어 해요

練習 4 (1) 얼굴이 더 예뻐졌으면 좋겠어요.
(2) 아이가 말을 잘 들었으면 좋겠어요.
(3) 병이 빨리 나았으면 좋겠어요.
(4) 사람들이 많이 모였으면 좋겠어요.
(5) 고민하지 말고 빨리 골랐으면 좋겠어요.

練習 5 (1) 좋았으면 (2) 이겼으면 (3) 많았으면 (4) 끝났으면

応用活動 응용활동

듣기 聞き取り

희진 : 정수 씨, 저 다음 달에 혼자 한국에 가요.
정수 : 진짜요? 저도 가고 싶어요.
희진 : 그럼, 같이 가요. 지수 씨도 부를까요?
정수 : 지수 씨, 남자 친구와 헤어져서 요즘 힘들어해요.
희진 : 몰랐어요. 빨리 잊었으면 좋겠네요.

ヒジン：ジョンスさん、私、来月一人で韓国に行きます。
ジョンス：本当ですか。私も行きたいです。
ヒジン：では、一緒に行きましょう。ジスさんも呼びましょうか。
ジョンス：ジスさん、彼氏と別れて最近つらそうです。
ヒジン：知らなかったです。早く忘れてほしいですね。

問題 2 1）다음 달에 한국에 가요. / 다음 달에 한국에 갑니다.
2）남자친구와 헤어져서 힘들어해요. / 남자친구와 헤어져서 힘들어합니다.

第15課

基本会話

A：デパートに人が多いですね。
B：今日はこどもの日じゃないですか。
A：どうですか？私たちも一緒に遊びに行きましょうか。

練習 1 (1) 바치　(2) 구지　(3) 부치다　(4) 무슨뇨일
(5) 한궁녀행　(6) 열려덜

練習 2

	I型 -고	II型 -면	III型 -요
파랗다 (青い)	**파랗고**	**파라면**	**파래요**
빨갛다 (赤い)	빨갛고	빨가면	빨개요
노랗다 (黄い)	노랗고	노라면	노래요
하얗다 (白い)	하얗고	하야면	하얘요
그렇다 (そうだ)	그렇고	그러면	그래요
어떻다 (どうだ)	어떻고	어떠면	어때요
넣다 (入れる)※	넣고	넣으면	넣어요
낳다 (産む、(ある物事を) 生む)※	낳고	낳으면	낳아요
좋다 (良い)※	좋고	좋으면	좋아요

練習 3 (1) 노란　(2) 어떠　(3) 그래　(4) 어떤

練習 4 (1) 한국의 겨울은 춥잖아요.
(2) 다음 주에 시험을 보잖아요.
(3) 선생님께서는 오늘 안 오시잖아요.
(4) 작년까지 학생이었잖아요.

알아 봅시다!!

3월 1일 삼일절（三一節）：日本の植民地支配に抵抗するため「三・一独立運動」が行われた日
7월17일 제헌절（制憲節）：1948 年に大韓民国憲法が公布された日
8월15일 광복절（光復節）：1945 年日本の終戦により独立を取り戻した日
10월3일 개천절（開天節）：檀君神話（단군신화）に基づく韓国の建国記念日

10월9일 한글날（ハングルの日）：1446年ハングルについて解説した書物『訓民正音（훈민정음）』が世宗大王により頒布されたとされる日で、世宗大王の功績を称えて、ハングルの普及・研究を奨励する記念日

応用活動 응용활동

듣기 聞き取り

일본인 유학생：요즘 일본에서는 한국 요리가 인기예요.
한국인 대학생：정말요? 한국 음식 맵잖아요.
일본인 유학생：괜찮아요. 그리고 안 매운 음식도 있잖아요.
한국인 대학생：그러면 우리 같이 치킨 먹으러 갈까요?
일본인 유학생：좋아요! 그럼 내일 시간 어때요?

日本人留学生：最近、日本では韓国料理が人気です。
韓国人大学生：本当ですか。韓国の食べ物辛いじゃないですか。
日本人留学生：大丈夫です。それに辛くない食べ物もあるじゃないですか。
韓国人大学生：それなら私たち一緒にチキン食べに行きましょうか。
日本人留学生：いいです！では、明日時間どうですか。

問題 2
1）치킨을 먹으러 가기로 했어요. / 치킨을 먹으러 가기로 했습니다.
2）내일 먹으러 가기로 했어요. / 내일 먹으러 가기로 했습니다.